本书惠承

乐俊民严赛虹基金会赞助出版

2023年12月第4期，总第12期

纽约一行

First Line New York
Quarterly Literary Magazine

《纽约一行》杂志编辑委员会

纽约一行
文艺季刊
First Line New York
Quarterly Literary Magazine

主编：严力

纽约一行杂志编辑委员会：
王渝　邱辛晔　冰果　张耳　曹莉　程奇逢　严力　王小拧（特约）
翻译部：梅丹理　张耳　楚鸿　李玉然

项目经理：章清

艺术作品和插图：春野（上海）　李云枫（北京）　王大宙（纽约）
　　　　　　　　魏野（北京）　施海兵（江苏）　温梦宇（青岛）
　　　　　　　　严力（纽约）　晓雯（达拉斯）

责任编辑：冰寒
封 底 图：严力（纽约）
美编设计：王昌华
出　　版：易文出版社

Copyright © 2023 by First Line New York.
All rights reserved.
No part of this book may be reproduced in any form or by any electronic or mechanical means, including information storage and retrieval systems, without permission in writing from the publisher. The only exception is by a reviewer, who may quote short excerpts in review.

作品内容受国际知识产权公约保护，版权所有，侵权必究

目 录

现代诗选

梁晓明（杭州）...3
  消声隐迹
  十月

朱凌波（大连）...5
  陶渊明的桃花源
  裴多斐的爱情与自由
  普希金与决斗
  惠特曼与草叶集

曾东进（青岛）...10
  母亲节前摘樱桃

溪云（青岛）...12
  有一种等待像夜如花开

丁举华（青岛）...13
  登高
  清空

阿磊（青岛）...15
  乌合之众

琪琪（青岛）...16
  四月

刘合军（广东）...18
  中秋怀古
  墓志铭

洪荒（郑州）... 20
  江湖

海默（云南）... 21
  我是一匹马
  草原
  最后的尊严

贾薇（昆明）... 23
  没有尾巴的猫

图雅（天津）... 25
  感谢谁呢
  没印出来的都不叫照片

陆渔（上海）... 27
  请拿走
  先锋
  离歌

皮旦（安徽）... 30
  那一刻我太好
  我理解自己的叙述也有一个过程
  我还是喜欢纯属自然的东西

秦巴子（西安）... 32
  语言动物园
  觉悟
  双盲

董晓禾（上海）... 34
  凉薄
  你喝哪一款

沈浩波（北京）... 36
    中夜不能寐
    我决定成立一个国家
    矫情

李浔（湖州）... 41
    相反的方向
    要把美团结起来到明天

浮冰（上海）... 43
    海上又见中秋月
    每片树叶都不一样
    苏格兰高地

王家新（纽约）... 46
    塔可夫斯基的树
    "致敬保罗·策兰"：基弗在巴黎的展览

阮克强（纽约）... 48
    沉默的植物
    救命稻草

朵夫（纽约）... 50
    梦
    喝茶

林小颜（纽约）... 52
    沸
    风吹，吹风

杨皓（纽约）... 55
    武汉印象
    向秋天告别

应帆（纽约）.. 58
　　南京一夜
　　山里的秋天

黄翔（纽约）.. 61
　　太平洋

苏拉（新泽西）.. 63
　　战争
　　黑洞

祁国（上海）.. 66
　　拟通知
　　计划诗

千夜（伦敦）.. 68
　　春夜
　　无敌物体

莫非（北京）.. 70
　　蚂蚁
　　叶脉上的古树

楚鸿（纽约）.. 72
　　过敏
　　秋
　　消息

向鹏程（陕西）.. 75
　　海边云帆

潆滢（美国康州）.. 76
　　星期一的海边

于木（加拿大）.. 77
　　四重奏

王键（美国长岛） 78
    一只等待出门的鞋子
    朝向寂静

周杨钦（四川） 81
    小说与诗
    走失的语言学

苏丰雷（安徽） 84
    清晨的教育

李骄阳（纽约） 85
    纽约来鼠

张强（赣州） 90
    大鱼吃了无人机
    大坦克和比基尼
    不要靠近我的子宫

常旭阳（河南） 93
    独角戏和三人舞
    女人和苏轼
    母亲母亲

李毓瑜（重庆） 96
    今天无意义
    牧羊人

严力（纽约） 98
    和平
    初次体验
    苦咖啡

翠儿（日本）... 101
　　成为危险本身
　　日晷之梦

墨家（湖北）... 105
　　左岸，右岸
　　慢冷

楼细雨（唐山）.. 107
　　像秋的静美
　　在长夜的底部作诗

横刀（石家庄）.. 109
　　浅酌与痛饮
　　又一年

盆栽菩提（佛山）... 111
　　夏至
　　不喜欢下雨

寒山老藤（纽约）... 115
　　物证

张宗子（纽约）.. 116
　　白花溲疏

思静夜（武汉）.. 118
　　时刻

邱辛晔（纽约）.. 121
　　高潮
　　内伤

拔牙（加州）... 123
　　海子

云中雀（加拿大）..................124
　　生死之约
　　远行，剩下一枚银币

湖边（加拿大）..................126
　　扭曲

步姿（苏州）..................128
　　你的花园

一初（南达科特）..................129
　　婆娑世界
　　月光的衣裳

文蓉（新泽西）..................131
　　如此

凌子（江西）..................132
　　雪说

黄小线（南宁）..................133
　　患得案卷
　　吹灰案卷

李威（成都）..................135
　　梦中
　　"山坡开始泛绿"

宁小仙（西安）..................137
　　九月的碎片

黄婧怡（福建）..................141
　　看雪
　　My Favorite Things...

刘年久（陕西商洛）..................................144
　　常常感到挫败
　　我的自画像

马克吐舟（北京）....................................146
　　惊恐记
　　仓皇记

孟垚（河北廊坊）....................................148
　　草场地断章

蜺瘂（北京）..152
　　最后的晚宴
　　晨锁

张耳（奥林比亚）....................................154
　　"要跟妈妈玩"

译诗

一沙一蝴蝶（选10）
　　阿布卡西姆·伊斯梅普尔·莫特拉格（伊朗）
　　海　岸（上海）/译..............................157

译诗与评论

纪念　岩子（德国）..................................169
"希望"是长着羽毛的东西
　　作者：艾米莉·狄金森 / 翻译：岩子.................170
她将爱和生命密许给了诗　岩子（德国）..................172
只要它在　朱良（上海）..............................182
灵魂之歌　赵佼（上海）..............................184

散文随笔

蝶变　黑丰（纽约）.. 189

读王维　拔牙（加州）.. 193

秋日两寺游　山橘（四川）.. 195

一生一次的心灵之旅　刘辉（纽约）............................ 197

夏加尔和马蒂斯在一座教堂　刘辉（纽约）.................. 202

短篇小说

同一天　左拉（加州）.. 211

本期艺术家

春野（上海）　李云枫（北京）　王大宙（纽约）

魏野（北京）　施海兵（江苏）　温梦宇（青岛）

严力（纽约）　晓雯（达拉斯）

现代诗选

春野作品:"谁"系列之一,丙烯、画布

梁晓明（杭州）

消声隐迹

我不求爱
下雪的时候，我伸手接、端碗接、用眼睛接
然后，
看它们消散

不求爱
所以雪下得晶莹、下得飘零，
下得妖娆，下得独自
而且
任性
在车门，屋顶，街道，码头与大海上
它无所顾忌
趋死
如亲

爱，但不求。
活着，细过余生。
像大雪，把自己完成。

十月

十月在到处举手
笑脸和野花
不花钱的日子,习惯在这些天,
大部分眯眼歌颂
空中的祖国,很多人
戴着祖国的帽子,双眼射出稀少的黄金,
黄金再分成细线,信手撒一些
到山林的日子,天空像鸟叫,我像落地的鸟毛,
大地这祖宗紧闭嘴唇,规律而寂寞的
扯丢着树叶,秋风、
和人的
生命

哪里有什么西方和东方?只有一个人,
过着几十年和风光完全不同的日子。

十月是很多人举手的日子,是祖国的帽子
越来越大的时候。

朱凌波（大连）

陶渊明的桃花源

几经沉浮
升迁无望
某一天
悄然辞别帝都
回到久违的桑梓

租一片向阳的山坡
种满平生最爱的菊花

每日黄昏
点燃一支卷烟
在缭绕中遥望远山

终于可以放弃电脑
用熟悉的的笔写字
内心无比的安静

偶尔邀请几位老友
大醉一场
庄周梦蝶

每隔一年的冬季
去澳洲温暖的海滨
看看女儿陪陪外孙

裴多斐的爱情与自由

"我愿是一条激流
只要我的爱人是一条小鱼
在我的浪花里愉快地游来游去"
他的情诗让我们的大学时代充满了爱的色彩与旋律
男生都想做那条激流
女生都想做一条小鱼

连孙中山在与宋庆龄的婚礼上
都是即席朗诵他的诗《你爱的是春天》

"生命诚可贵
爱情价更高
若为自由故
两者皆可抛"
当他由一名诗人变成一名起义领导者
吹响明亮而果敢的号角
我们也都在八十年代末热血沸腾
做了一次真正的勇士

因为裴多斐
我们记住了匈牙利这个伟大的小国
虽然他的死至今是个迷
但他已在诗歌中获得永生

普希金与决斗

1984年大学毕业那一年
他的《致大海》震撼了我年轻的心
而他的《假如生活欺骗了你》
也确实伤害了我

他被称为"俄罗斯诗歌的太阳"
曾写下"在这残酷的时代
我讴歌过自由"

他为了妻子与尼古拉一世的绯闻
更为了维护自己的尊严
与沙皇的阴谋代言人
一名法国流亡者决斗致死
享年38岁

另一位同样也殒于决斗的俄罗斯著名诗人莱蒙托夫
写下纪念他的长诗《诗人之死》

他的妈妈是一位含有非洲血统的乌克兰贵族
不知道如果活到今天
他是否会站在母亲和泽连斯基一边

惠特曼与草叶集

惠特曼
绝对粗人
但酒量却一般
一喝就脸若关公

最喜欢空想社会主义思想家
和民主思想家潘恩的作品

来自草根
却经常站在山巅
嗓音洪亮
与人地森林共鸣

几次元气大伤
也曾心灰意冷

但祖辈的中庸和失败
半生的跌宕起伏
无法选择放弃
只能韬光养晦
像一只冬天的灰熊

等待春天的露珠
躲避命运的枪口

惠特曼

高大强壮
弹一把好吉他
还打得一手快拳

终生未娶
殁于美利坚合众国

唯一的陪葬
是他死后
一位华人老友
为他出版的个人诗集

曾东进（青岛）

母亲节前摘樱桃

樱桃红了
是那些梦中的樱桃
星星一样闪亮的樱桃
果浆浓郁占据我的记忆
樱桃红了
它们是田野中奔跑的小童
像一团一团欢乐的火
四处燃烧
妈妈
我吃到了甜甜酸酸的樱桃
儿时老宅前的樱桃
人间又到了春暖花开的季节

樱桃树被风动摇
被几只粗壮的手臂动摇
樱桃一颗颗落在地面上
它们是一粒一粒的心跳
每一粒你都听得到
这些新鲜的樱桃
逃离枝头奔向你

在一棵树上采撷

在另一棵树下合影
我们在慌乱的人间
总能找到一些缝隙来微笑

李云枫作品:"征兆"

溪云（青岛）

有一种等待像夜如花开

每个人都有致命的弱点
如果悟出了自己的
不要试图去改
要小心回避

若是无意中发现别人的
要用心遮掩
不是每一个箱子都能打开

为世界留下一些秘密
就是给生活留下一些空间
于是有一种等待
就像夜如花开

心能在茫茫中感悟相容的美丽
灵魂会默默闻到相守的馨香
于是一个恬然的梦
会拥着爱你的诗缓缓飘来

在每一个迷人的黄昏
看落霞将天空映成五彩
有倦鸟归巢
于是，夜如花开——

丁举华（青岛）

登高

登高能望远吗
登多高才能望远即使能望远
又能望多远呢？
是在晴天还是在雨天
抑或是在雾天
是仰视还是平视
抑或是俯视哦，
我终于明白了，
登低也是可以的，
我看见了人们坐在那里等着我
——辨认从古至今

清空

随着年龄增长
东西越堆越多
可多少有用呢?

所以说,没事就收拾收拾
该扔的扔,该送人的送人
把没用的、多余的东西清理掉
你会感到轻松
也不会给孩子留下负担

懒得动时间久了
就活在了垃圾里
不及时清空
就活在了沉重里

阿磊（青岛）

乌合之众

一群鸟儿在枝头上争吵不休的时候
一只老鹰俯冲而下

老鹰捉住其中的一只
飞走了

不大一会儿，鸟儿们又重新聚拢在枝头上
继续吵……

刚才的事情，就好像
从来没有发生过

琪琪（青岛）

四月

四月来了
我开始回忆爱情
想念你的样子
你的羞涩
还有你的热烈

我听见来自地下的呢喃
晴天里男人也会忧伤的流泪
用鲜红的玫瑰轻抚
阳光下那白皙的脸颊
你微微一笑
就迷失在一首诗里
粉色的，在很久以前

赶快跑出去看看
在一场躲不过的雨来临之前
在白色的樱花下面
紧紧的拥抱吧

当我的容颜已被风干
你的情书仍旧没有写完
温柔挽留不住温柔

等待，期盼
再相见，又是一年

这是四月
呷一口明前的绿茶
我把春天含在嘴里

温梦宇摄影作品："无题"之一

刘合军（广东）

中秋怀古

就不能避开一轮明月和
翻阅时光的老风，还有老长安的不夜城
与嘉峪关的老青砖
以及万官在此下马的皇陵老松
我们行程千里
像洪流一样淹向兵俑的阵列
看深坑里的泥人和战马，忽然间似乎
自己就是一个会行走的拓件
唯一不同的是
从他们身上掉下一根手指都价值连城
而我作为一个有血有肉的人
却不值半文

2023.10.3

墓志铭

生在东方，我
一生都害怕血一样的太阳
生在祖国，请原谅一个失败的中国人
和一生失去的祖国
原谅一个非自然失明的人
迷茫在人性与自然的"真实"里
原谅我将"死无穷期"的日子
留给坟墓
和那些秋风压夸的荒草
请允许我用黑暗，告别月亮里的祖国
用文字的星辰点燃万家灯火
如果你没有读过我的诗
那就请让我像
爱尔兰叶慈诗人一样留言
"对人生，对死亡，给予冷然之一瞥……"

2023.11.4

洪荒(郑州)

江湖

掐指一算
该报的仇都报了
在江湖上行走
难免会有一些恩怨
心生缺憾的
有的仇人先我而死了
足慰平生的事情
还是有
游戏厅里
仇人儿子与我儿子同仇敌忾
击败一头怪兽

海默(云南)

我是一匹马

我是一匹马
我活在
自己蹄声的鼓舞里
我的奔跑
与路无关

草原

草原
是一首诗
冒然闯入的我
是这首诗中
唯一的
错别字

最后的尊严

每隔一段时间
我都会
整理一次我的书架
我要让
我的每本藏书
都活得很体面
在物欲横流的世界
这是一个读书人
最后的尊严

王大宙作品:"生物车系列"之一

贾薇（昆明）

没有尾巴的猫

你看到的影子
是一只没有尾巴的猫
轻巧
无声
穿过围墙倏忽即逝
你不必担心它隐藏
全然不知上楼梯的人
把影子关在门后
然后你很快会看到
影子从门缝溜出
又经过那截围墙
与地上稀薄的
一滩污水汇聚
你蹲在围墙左边
吃着蓝莓和桑椹
猫此时不见
风吹不过来
你觉得安全
但是你惊讶地发现
瓦顶上掠过的影子
有着和你一样的
漆黑的嘴角

一艘小船驶来
到面前突然消失
那只是一个影子
一艘想象的船
很难抵达远方
当时太阳已经落山
地上的云彩
也渐次暗淡
那只没有尾巴的猫
藏去哪里了
那滩污水后来的命运
你都看见了
除污脏的痕迹
影子都照不出
让你激动又恐惧的是什么
是它没有尾巴
还是它蹑手蹑脚
这吵闹的世界下
每个孤独的灵魂
沉默不语
你想那只猫知道
还是那只猫
深藏鲜红舌头
黑暗的围墙上
喃喃自语

图雅（天津）

感谢谁呢

有没有造物主我不知道
谁给了我一盏灯
半个世纪了
还亮着
那些小黑暗，小怪物
小邋遢，小蛆虫，小呕心
总想吹灭它
总是徒劳

2023.10.6

没印出来的都不叫照片

几天前听了一个讲座
记住了这句
"没印出来的都不叫照片
只是电子文件。"

这话太有冲击力
虽然说的是摄影作品
但你可以联想到其它印刷品
它不怕你反对
不怕你驳斥
不怕你摔门而出
不怕你老死不相往来
那些精挑细选出来的照片
在铜版纸的哑光釉彩中
铮铮有骨
不屑一顾

其实还有一句
更扎心——
"没有在美术馆展出的照片都不叫
摄影作品"

2023.10.19

陆渔（上海）

请拿走

请拿走
我私自发明的一点点自由
要拿，就全部拿走
你的假客气，让我担忧
远不如你的野蛮真实
没了尊严的我
一下子轻松了许多

请拿走
我的身体，这未来的尸体
早在青春时就被没收了灵魂
器官们大块吃肉，拼命喝酒
脚步欢快，精神饱满
正是你要的好皮囊

请拿走
我的白日梦，和我不停追逐的地平线
这些虚幻的东西
忽悠了我大半辈子
就像你一直说的：到头来，
吃尽了苦头

请拿走
我所有不切实际的念头
白云飞过的影子
小河流淌的声音
以及我妄图留下的爱
和爱的子子孙孙
甚至记忆，也请一并拿走
这样，我就彻底干净了

2023.7.2

先锋

他们用这个词
披在艺术上
披在诗歌上
披在政治上

这条油光锃亮的大披肩
淘宝上，卖价甚贱

2017.12.9

离歌

一场消灭,又一场消灭
焚烧着热血的歌声
耳听他最后消灭
懦弱的我,早就腐烂
却还在,操心着这具皮囊
和,这具皮囊留恋的事

都说你是个恶魔
可,我对自己的憎恶
远远超过了对你的憎恶

2022.11.27

皮旦（安徽）

那一刻我太好

一个人从天上跳下来
落到我的头上
为了不砸死我
他临时化作一粒鸟粪
为什么不化作雨滴
那一刻天气太好
为什么不落别人头上
那一刻我太好

2023.01.09

我理解自己的叙述也有一个过程

一只小鸟带着
笼子在飞
这么说好像
小鸟飞在笼子外面
我得指出
小鸟是飞在笼子里面
如果我说

一只笼子带着

小鸟在飞

可能错得更厉害

也不一定

可以确定的是

只有一只小鸟

和关着它的笼子

快速地掠过

我眼前的天空

叙述归叙述

理解归理解

我理解自己的叙述

也有一个过程

2023.04.18

我还是喜欢纯属自然的东西

不管怎么说

我还是喜欢纯属

自然的东西

比如闪电

它们没有使命

没有灰尘

没有陈旧感

2023.08.02

秦巴子（西安）

语言动物园

语言用语言的绳子绑人
让它们集体练习发声
语言用语言的鞭子宣判
把异见者驱逐到语言异邦
语言用语言的国境线
划出大地上的动物园

觉悟

面对恶徒我常常切齿
过了知天命之年以后
才突然意识到
在过往的岁月里被我咬碎的
那些硬骨头和软骨头
即便不被我咬
也会变成尘埃和泥土

双盲

盲人在盲道上走着走着
盲道没了
失去方向的盲人
我很想帮他一把
但我这个明眼人的路
也没了
我们双双停在断头路上

温梦宇摄影作品:"无题"之二

董晓禾(上海)

凉薄

夜晚
被秋天突然调低了温度
提醒我多穿件衣裳的男人
已被其他女人囚禁
没人能获得谁的自由
除非
自己觉得这是"幸福"
愚蠢的人不可能真正善良
即便他曾提醒我秋高夜凉
那也是一碗晃荡的释放
装满面具的化妆箱
习惯被驱使的机械齿轮
怎么能懂"勇敢"在智慧的地方

凉薄
不就是我的衣裳?
一片月光落在地上的形状
一片树叶飞到肩膀的声响
一排梧桐树掩饰的桂花香
一首满天星的童声大合唱
我都记得坦坦荡荡……
脱下衣裳
我怕你会被烫伤

穿上一件凉薄
路过以便寒暄..

2020.9.27

你喝哪一款

一片树叶像花儿
落在肩膀上就变成设计
一朵云彩像宠物
你笑她也跳你哭她也雨
晚秋姗姗来得正好
刚想走被拉住小手指
肩膀宽宽测出冷暖
那些荒唐的抑郁寡欢
怎么能够破灭我
许过的愿…

葡萄酒的红与白
女人的内与外
一瓶故事一款人物
几层斑斓几道辗转
顺流而下的平庸
也称随缘顺命
逆流而上的优雅
也叫唯真自知
你喝哪一款？
喝完都去天堂……

沈浩波（北京）

中夜不能寐

1.

"中夜不能寐
起坐弹鸣琴"
晚上睡不着
阮籍的这首诗就冒了出来

2.

阮籍活在
黑暗与血腥的时代
那时的诗人
崇拜老子和庄子
白天喝得烂醉
晚上睡不着
爬起来弹琴

3.

他们有时想杀人
想着想着
就去弹琴
他们有时只是想弹琴
弹着弹着
就起了杀人的心

4.

与阮籍齐名的嵇康
最爱弹一曲《广陵散》
讲的就是一个
杀人的故事
利剑藏于琴匣
侠士怒而拔剑
君王血溅当场

5.

嵇康是个诗人
他不会杀人
所以他被杀掉了
他在被杀之前
向刽子手要了一把琴
坐在地上
弹《广陵散》

6.

我猜想嵇康
最后的心境
只是想弹琴
不再想杀人
琴声铮鸣
如山泉迸溅
如锤落铁砧

2022.8.27

我决定成立一个国家

没有比这更酷的念头了
我为什么不成立一个国家呢?
国土就是我的身体
170厘米高,87厘米宽
满身脂肪皆是沃土
血液是奔腾的大海
鼻子、肚子和睾丸都是隆起的山丘
吃进身体的营养
构成丰富的矿藏
眼睛是湖泊
毛发是森林
这将是一个
美丽富饶的国度
而我
是这个国家唯一的永恒的统治者
我是大总统,大皇帝,大首领
独一无二
威风凛凛
但是且慢
我的国家没有臣民
没有可以被我奴役的人
如果没有奴役和被奴役
怎么能被称为国家呢?
如果不能欺凌和压迫同类
怎么能被称为国家呢?

2022.8.20

矫情

二十年前
有位诗人去世了
我跟他不熟
但还是有些伤心

我伤心的原因是
我们差不多大
是同龄人
我们都写诗

我竟然因为这两个
原因而感到伤心
而莫名地有一种
同一代人的悲壮

现在想起来
年轻真他妈的
矫情

2023.7.9

施海兵作品:"无题"之一

李浔（湖州）

相反的方向

相反的方向，山路
容不下砍柴人，树有了通天的路
人容不下的事，比河更会远走他乡。
种瓜点豆，芝麻开花
相反的方向，树上停满了叫不动的鸟
从山下到山顶
长满了羊都啃不动的理想。
相反的方向，讨厌说话的人看见
靠人供养的时间也有黑白两面
用蓝墨水写过的往事，和韭菜一样
总会被割走了最动人的那一段。

2023-2-5

要把美团结起来到明天

说真的我没见过天鹅
听说它是美好的，有优雅的翅膀
有绝对相信蓝天白云的信念
它们，还有它们的子女
一代一代，给了我高远的想法
我，一个没有见过世面的人
如今在谈论高不可攀的美。

偶尔有风吹过，水稻叶子摇晃着
村里的炊烟也摇晃着
远远看去，这是衣食无忧的美
我在这里仰望着天空
傻傻的表情，像路边的那棵石榴树
一年一次，裂着嘴赞美成熟
有人说我是长不大的孩子
幼稚，任性，动不动咬着嘴唇
说出不合时宜的赞美
是的，我就要把美团结起来到明天。

2011.11.6

浮冰（上海）

海上又见中秋月

就怕旷夜云轻
没处躲藏的懦弱
总被夺魂的皎洁，针刺得
血肉模糊

年轮空转

要穿越多少不对等的梦境
才得以在苦寂的沉浮中
撞见你禅定的清高
需抖开多少郁结的冲动
方能够，从喧嚣的皱纹里
打捞起前世的失落

也许，迟缓的朔望
早已皈依晚霞的说教
濒死的心潮，用暮鼓啃噬着
僧盘厚重的偈颂

所以，你明眸依旧
牢牢裹住知性富足的边缘
不给擦肩的秋风，留下
任何置喙的缝隙

旋紧飞鸿的视线弹拨沙哑
节奏晶莹如泪
日益堆积的遗憾坍塌成末路
独吟无期，踯躅向囚

——那片外表斯文的水声
时时亮出刻薄的刀光
威吓着体内幽暗的遐思
展示着，劈碎于深渊漩涡的
悲鸣媚影

每片树叶都不一样

每片树叶都不一样

渴饮雨露，饥吮阳光
有丰满，有细长
着素绿，喜彩妆
走遍河流，阅尽山岗
随风摇动着万千梦想

可要咬碎心房，谁都是
悲戚无助，苦涩满腔

苏格兰高地

沧桑，刻在脸上
苦痛，烙在心底
阴郁的岩石是你裸露的脊背
受刀砍千次，却从未弯曲

滴翠的青草
像你饮尽践踏的妻伴
用满山的柔软，为你舔舐
被屈辱反复撕裂的伤口

真挚的泉水交融
捧出的湖泊，是你珍爱的女儿
性情清澈，凝眸恬美
望一眼，便让人唏嘘飞泪
梦想荡漾

还有兄弟般的森林
根须咬在一起
枝叶举臂搀扶
追随太阳
世代相守
……
硝烟已碎，风笛依旧
盘旋在民谣深处的鹰泣
犹如祖辈幽恨的亡灵
日夜缠绕着牧歌的家园
和，悲凉的从前

王家新（纽约）

塔可夫斯基的树

在哥特兰
我们寻找着一棵树
一棵在大师的最后一部电影中
出现的树
一棵枯死而又奇迹般
复活的树
我们去过无数的海滩
成片的松林在风中起伏
但不是那棵树
在这岛上
要找到一棵孤单的树真难啊
问当地人，当地人说
孤单的树在海边很难存活
一棵孤单的树，也许只存在于
那个倔犟的俄国人的想象里
一棵孤单的树
连它的影子也会背弃它
除非有一个孩子每天提着一桶
比他本身还要重的水来
除非它生根于
泪水的播种期

2009—2012

（安德烈·塔可夫斯基（1932-1986），前苏联导演，在瑞典哥特兰岛拍下了他生前最后一部电影《牺牲》。）

"致敬保罗·策兰"：基弗在巴黎的展览

装载烧焦石头的手推车
玻璃柜里的集中营

铅灰色的布满巨大伤痕的画布上
粘满枯褐色的止血蕨草……
这是在巴黎，一座废弃皇宫内的大型展览
一个从第三帝国冒烟的砖窑里
逃出来的画家诗人
他是在向保罗·策兰致敬吗
七月的空气更炽烈了
北极圈里的冰融化
这里，烫人的水泥大街上布满影子
远处传来加油站排队司机的一声咒骂
而我的视线从带着弓形箭头的
乌克兰地图上移开
我们看不见的黑色太阳群在我们上空燃烧

2022.7.

（2021年12月16日至2022年1月11日，德国著名艺术家安塞尔姆·基弗在法国巴黎的大皇宫临时美术馆展出了题为"致敬保罗·策兰"的大型艺术展。）

阮克强(纽约)

沉默的植物

我热爱沉默的植物
它们将裙摆放得很低
夜里它们来我的梦境走动
空灵的风抬高了翅膀和星空
星空下越来越多单纯的植物
水份从根茎中央自如穿过
沉默是另一种坚韧的流质
它聚合成我们内心的纤维
让我们学会迎风而立
学会即使活在低处
也不用仰首高呼
皇恩浩荡啊

救命稻草

我喜欢野外行摄
我镜头里定格的动物
大都有自由的灵魂
它们走动或者飞翔
披着神灵的外衣
当我回到日常生活
我想学它们走动或者飞翔
我没有神灵的外衣
我只能攥紧自由
这根质地上好的
救命稻草

朵夫（纽约）

梦

上床之前
我躲在厕所里抽烟
思考着今晚要做什么梦
我想，要是全部的人
就在今夜，做同一个梦
譬如，瞅着同一个方向
同唱一首歌
或者，同喊一种声音
是不是可以扰动大庭呢
对啊，我该起床了

2012.12

喝茶

回去吧
你不能站在這入口
還清欠下的房租
去打一場勝仗
再寫一封情書給人類
之後
拍掉你身上的塵土
才可以進來
和我一起
喝茶

2023.10

林小颜（纽约）

沸

燥热的气泡水
怀揣燥热的目的
以暴制暴
以幻治幻
以眼还眼
阳台对角线
修女手捧玫瑰
她双目失明
斜着眼驮着背
到处都是努力逃离统治的人
翻着栏杆
你的黑果冻甜蜜多汁
你的珍珠发夹
过期的樱桃蜜饯
美丽的蛆
修女手捧玫瑰
轻声咳嗽
"肺、是敏感器官、小心进水"
她斜着眼驮着背头也不回

风吹,吹风

风吹来,陪我吹风
摇落橄榄,捆扎枯枝
一只手举旗
另一只手牵山羊
远古黑夜
筋疲力尽的马越过长河
在点得起火的日子里
抓一只野兔的耳朵,拥吻
或剥它的皮
违反季节规律脱掉外套和长袜
生存,是不渴还喝水
一颗药丸轻轻抛向空中

用嘴唇接住
暗褐色椭圆照片
掉进发亮水坑
我们——出现在被安排的世界
出现在我们出生前就已离开人的愿望中
被命名,解剖
忘记毒气室,广岛千度的高温
胶布粘住破旧玻璃窗和吃饭时容易漏的嘴
模仿者被模仿
墙上
标语,涂鸦和下流故事
没有一个词描述沉默如何躁动

月光如何跳水

三件事是需要避免的:

吃得太饱,碰陌生人衣物,一个人孤独死在床上

晓雯摄影作品:"无题"之一

杨皓（纽约）

武汉印象

一切都是新的那些水泥的勇士
它们占领了一切可以占领之处
抹平了通往死亡的荆棘之途
与钢铁和玻璃一起
给城市改头换面
用高耸入云的吊车
吊打历史
用挖掘机掘地千尺
不留下任何回忆和念想
仿佛这里发生过的一切
从未发生过

记忆与失忆

我们从何而来？
一切都是新的
是我们不认识的水泥森林
那些冷漠密集的建筑群
滿眼皆是繁華的廢墟
一切都是新的

向秋天告别

向秋天告别
向远方
向所有我思念的河流
向绵延无际的
忧伤的大地

向树木
以及每一片落单的
叶子
告别

向我心中每一个
挂念的亲人
向我爱的人
有些只能隐藏在心中
向所有
经受痛苦的生命
告别

在我的泪眼中
你们就是秋天
那树林里飘舞的叶子
而我此刻
正跟你们一起
舞蹈

我拥抱你们
感受你们的心跳

向秋天告别
因为我们已经
准备好
迎接冬天
那漫天的飞雪里
就有我们期待已久的
精灵
而它们是跟春天
有约定的

向秋天告别
向所有我们经历过的
离别与伤痛
告别
向所有的悲愤、惊恐
失望与哀愁
告别
因为当冬天来临
春天正在悄然地积蓄着
希望与救赎的
能量
我们即将迎来
死而复生的
希望之光！

应帆（纽约）

南京一夜

四月过半的夜晚
回到故乡之外的故乡
接风，洗尘，在长江北岸的威尼斯
水城，久违的蛙声噪得
比记忆里的要早，此起彼伏
倒是像过去的样子，也像人生里
那些小小的欢乐和悲伤

一场雨急匆匆地来，又急匆匆地去
母亲，你依然担心我
会是那个被淋湿又无措的孩子

在这个城市的边缘，我们欣慰于
彼此的体面，我们感恩又感慨地说起
苏北和淮安，城外东南去去十里的小村庄
以我们的姓氏为名，多少人家的门楣上曾经
镌刻着我们的应字，小村庄西南的那片三角地里
深埋着我们常常想起的一些灵魂，碑上刻着的名字
母亲，不识字的母亲，也一直记得父亲
名字里的洪俗和朴素

亲爱的弟弟的孩子拉着我的手，说星星
是太阳的儿子，只有在父亲

睡觉的时候,才偷偷溜出来玩耍
今夜,在这无法像童年和故乡的一样
黑到纯粹的天空,星子们努力地闪烁着
今夜,可就把南京当成故乡了

少年时经过的路和桥,如今穿越着的地铁和隧道
灯火在江的南边,繁华在水的右边
生活在我们这边,在威尼斯水城的五街区
在明天一早,在母亲准备的早餐里

会有更新更远的旅程,却不会比此时此地
更诱人,在飞驰的高铁上,我终将慢慢明白
母亲呵,这温暖亲切的春天、城池和大地
都是因为你在这里,才有故乡的况味
虽然,你也只是这里的陌生人

山里的秋天

秋天回来的时候
记得去冷泉港的山里

认一认那些褪尽繁华的树木们
柚木阔大的叶片努力地绿着
悬铃木鲜黄的冠映着翠蓝的天
槭树把每一枚叶子都红成一朵花
榆树光洁的树干上刻满
曾经的恋人的名字

不是所有红了叶子的
都是枫树
"不是枫,不是枫!"
如果你仔细了听
一定可以听见
她们细细的抗议和尖叫

如果你仔细了看
一定可以看见
一棵树和一条藤之间
隐秘了从春及夏的缠绵
如今遽然暴露
在秋日的阳光里

去年的那一群雁
在高高的天上
又飞成简而美的汉字
它们一圈又一圈地
盘旋着召唤着
仿佛是不舍的留恋
又仿佛再找不到回家的方向

偶然回头
隔着褪尽繁华的树木们
你会看见
海湾的水又长又蓝
一起回头的美国人
会跟你说
只有这风景是永远不老的

黄翔（纽约）

太平洋

涉足我们星球上波宽浪阔、水天相连的太平洋水域。
孤绝于立体交叉、多重层叠的浩瀚宇宙时空的汪洋。
在万古千秋"大而无外"的宇宙无垠时空，
窥探滴水、微尘、沙粒、卵石、嶙峋的巉岩"小而无内"
的深层。
太平洋是时空汪洋的遗世的水泽与洞穴。
是穿越与解读洪荒岁月史前时空汪洋的天然隐形、
罕见于世的水域深层的浩大博物馆
曾经在太平洋浩瀚水域冲浪，也曾孤绝潜泳于深水，
沉浮起落于地球上水域辽阔与空旷。
太平洋何在？在感官感知的浅层认知之外，
在社会层面尘俗"窑洞思维"时空观念定格之外！
匿形暗物质、宇宙微型时空、隐形时空隧道的窖藏之中。

人置身浩瀚的水域无方位。
所有的方位是同一方位。

人扑溅、人沉浮、人翻腾于太平洋水域，
却不离浩瀚宇宙时空无垠汪洋。
此时此刻反视于彼时彼刻，
往昔"时空的深层"隐形其中的万千"未知与无解"的
宇宙奥秘何在？！
仅仅是藏匿其中的巨鲸、大蟒和闪闪发光的梦幻鱼？！

铺展于沙滩的绚丽的卵石和螺壳？！
万古千秋的纷繁万象其奥义永远是
"未知与无解"的永恒？！
时空汪洋中冲浪与潜水者永远不能自由捧读
云空下纷繁万象？！
在时空汪洋排浪层叠的卷帙中翻阅沉湮万古千秋的
墨韵与清音？！

王大宙作品："生物车系列"之二

苏拉（新泽西）

战争

战争，出于占有之欲。
而如果我们本拥有全部，
也什么都无法拥有。
什么蝴蝶引领废墟中的小径，
什么秘密的星光
在蓝色的门后。
鸽子仍在黑白中复制自己，
即使贮满梦境的羽毛
被大地扯着坠落。
战争，男人与女人。
一滴泪漫溢秋天的田野，
当受伤骑士的远去
将天空与鸟冻结在一起，
寂静吞食散落的武器。
那抚摸时间皱纹的手掌，
远远的，和山火一样远。
世界往后退，留下一颗
小小，跳动的心。
当过去的你，未来的我
在同一场雨中。
我们存在，为了去爱。
爱，洗净淤泥，牵动我的手臂，

像阿芙罗狄忒从海沫里升起，
大海在歌声中昏迷，
枪口喷涌鲜花。

2023.10.10

黑洞

为什么她撕咬着空气，
为什么
他斩下婴儿的头颅。
为了意义，即使杀人或死去，
如痴如醉，填塞心的黑洞。
为了意义，用淤泥
堆砌想象的自我。
去爱更高的事物。
智者说，自我才会消散这爱中，
如死去的鲸鱼，无尽沉落，
化为大海。

而历史，国家，民族
高于最孱弱的生命吗？
我触碰的花瓣，闪烁的香气，
如此逼真。
高于我飘渺，而唯一能肯定的存在吗？
荒芜中被割下又长出的头颅，
晚风邀请灰烬的舞蹈。

我会爱你，
像落日中的蝶翼一样久，
像走过一座融化的小石桥
一样久。
让虚假的信念落尽，
只在幻象中，
才有你，与我。

2023.10.14

晓雯摄影作品："无题"之二

祁国（上海）

拟通知

疫情三年不作时间计算
所有人的年龄都要减去三岁
这样就可以让所有人
获得三年的生命补偿
特别是让下两代人
重新找回了童年与青春
刚退休的人员则延迟三年退休
并补缴三年各种保险
这三年的新生儿
可重复计入未来三年的新生人口
并一律再吃三年妈妈的奶
这三年过世的亲人
一律推迟三年出具死亡证明
以表示最大的平等和尊重

2023.8.6

计划诗

明年开始全身心写诗
每天写100首
不写完不准进入第2天
1个月3000首
1年36000首
力争完成40000首
先这样写个5年
完成20万首
第2个5年
再让创作量翻1番
达到40万首
以后每年以9%递增
实现可持续良性写作
让"写下1000万首诗
留下100万首经典"的
双目标早日实现
并为"写尽一切诗歌"的
总目标而奋斗

2023/4/3

千夜（伦敦）

春夜

棉花糖
这雄伟时刻
也是至暗时刻
你需要不停转动——就像
白昼不停转动黑夜那样
总不关闭
允许黏牙，就像允许英雄做梦——
载入生命册的羔羊，它凌晨就出了门
天蒙蒙亮时候回家
嘴角沾着白菜碎屑
不开花
不画十字
不被偷走
很快知道了——这是今夜
唯一值得赞美之事

无敌物体

无才之人笑起来可有你们乐的。
一年多他没写诗被纠结于
黑下巴的形成原因
以及红霉素和凡士林的混合比例。
在冬天它们惯于装作矫健样子
而交易总是在幕后频频取消
珍贵照片不容丢失令人发噱
在小面馆许愿一个大场面。
一个褒义的表皮：
有些霉斑——切掉可以吃吧
这个想法无疑来自杜尚。
不要在一张上过多停留
太用力了——稍微染一下就行
如果感冒。我不为明天担心
没有明天——擦掉清晰与硬的部分
某种持续的抒情性是必须的。

莫非（北京）

蚂蚁

世界不过是一张纸，有地方薄有地方厚
捅破了不一定是光透过来。尽管如此

看起来更透彻。文字是星星点点的漏洞
一张纸噼里啪啦响着，契约按上手印

更多时候也被一手撕掉，再拿来一张纸
修修补补痕迹全无。抱着希望是好的

开在一张纸上的药方，可以安慰患者
人人皆是急诊室的家属。热锅上的蚂蚁

把热锅掀翻了。一张纸像冬天的窗户
早上北风更响亮，傍晚的雪来不及铲走

喜鹊在鸣叫中，或许清楚生命的来历
仿佛世界的整个面目，是一张纸的涂鸦

2022.7.16

叶脉上的古树

好多树叶掉了。银杏叶让冷杉树不冷了
诗人就该阅读大片的荒野。墨线的图

仅仅说明是什么,但不交代枝条的颜色
开花时间,以及花时间可以看到什么

结果在何处。一朵花阻止了枝条的生长
风在打扫不孕的树,通过弥漫的花粉

雪松的母株松开的鳞片,被各种种子
一层层遮蔽。知识就好像老掉牙的松子

书本抱着书本昏昏睡去。万物的生长
比词的翻新更鲜活。树叶的阳面和阴面

满是不清楚的细节。凡胎肉眼的人类
看活在叶脉上的古树,凭什么自命不凡

2022.11.18

楚鸿（纽约）

过敏

我对夏天开始过敏

夜，卡在曼哈顿塔楼
端着肩，不情愿闪出的
角落
任视线锐利地投射
也无法解救
它腹中轮廓不清的胎儿
尽管我在窗边早已
为它预留了出逃的通道

无边的萤火雨
只在记忆中洒落
淹没竹床上稚嫩的眼球，和地球
那时质朴的皮肤
眼珠如葡萄晶亮着，八方滑动
为乘凉的祖孙，醉酒的土屋
努力找一个嵌入宇宙的
角落

我对冬天也渐渐过敏
烟囱们一次次抬高鼻孔
却戒不掉城市的烟瘾

瓦缝里溢出炊烟氤氲
米香深吸了柴火在飘荡
游过海来治疗瘫痪的
鼻孔细胞

季节总在插队
记忆从不排队
落入都市圈的事物，
成长为我的过敏源

秋

色彩的野心
每年都会膨胀一次

一片叶的血管
支撑起整首故事的生命
歌唱与聆听

开放的终点邀请我
从画夹上撤下
又一张空白

消息

桌对面
横穿太平洋的胜利者
喘着气,捎来远岸的消息:

美立坚
用自由的绳索
捆住了自己

温梦宇摄影作品:"无题"之三

向鹏程（陕西）

海边云帆

被钢铁濯洗的风
沉淀出游艇盐质的骨骼。游鱼一梦
岩石在海水善良的底蕴里，翻新港口豪迈的
阳光

午后，金山在光滑的年份里
铺开镜中的布帆。一艘比一艘年轻的轮船
用白云漂泊的姓氏站稳海岸

直到桅杆撑起汹涌的脊梁
辽阔的大地，即使再远也能从时代的海平面上
淬炼出蓝色的繁荣

潇滢（美国康州）

星期一的海边

我一路开去
大朵低垂的云向两边散去
还有前方满目的绿色
对称绽放
我在花芯处

我不确定前方是否有路
人在车里，手已攀上云梯上悬挂在外的
那一枚海鸟的白羽

它隔着落潮的海岸
向我倾诉昨夜入伏暴雨的酣畅
有龙舌兰的浓度，和浅尝的一激灵

电光雷鸣和树杈的风言风语
好像从没发生过
人造的鹰巢固若金汤
我在幼鹰的回旋里分得一勺高鸣

海水悄悄涨起来
林中两只小鹿奋力扬起脖颈，啃食高处的树叶
叶子每分钟都长出一些
然后把未曾对人间许够的愿落下来
在土里深深祈祷

于木（加拿大）

四重奏

明明是一个人
我又数了一遍
台上的四位
好像一个人那么协调
我和周围的人
都不敢出声
对此提出异议
我们都在努力成为那个人

王键(美国长岛)

一只等待出门的鞋子

带着雪,和
红海底的泥泞

带着一脸的疲惫
和憔悴
敞开胸怀,让汗
流尽,让光进来晒一晒
像阳光下的老兽
在睡眠中放慢呼吸
像回到子宫里的孩子
在蜷缩中,收缩
身上的皱褶
头,朝着大门口,即使
灰头土脸,也随时
准备好下一次的出发——
尽管它已走失了
那形影不离的另一半——
在流亡的路上!

朝向寂静

在嘈杂、混乱、吵闹的世界
我,倾身于寂静

我打开所有的器官
打开耳朵、眼睛、鼻子
打开手打开脚
甚至头发——
我朝向寂静

花开有时,落叶有意
万物演进的尺度
是在最小的单位
在看不见里完成——
朝向寂静
我靠近一首诗
靠近愤怒的词
但它却带着我像种子
在春天里飞行——
朝向寂静

我看见,长颈鹿将一个孩子送到树上
然后将头安静地埋进一桶水中
我听见,两个光年里的量子在对话
我观察和辨认一片地上的枫叶
如何飞向它的树梢——
朝向寂静

在四月,在乌克兰
在标枪导弹对准目标的瞬间
在弹簧刀无人机展开刀片的瞬间
在大威力的榴弹炮落下的瞬间
它们,都朝向同一个方向——
寂静

严力作品:哨。材质:CD

周杨钦（四川）

小说与诗

一条光滑的红绸带
使诗性的语言逐渐失声。
人为的风响起号角
让绸带四角颠沛，落魄地喊魂。

一头牛，作为生活的写意
他冲撞开来，只因为绸带的鲜红色。
撕裂的小口，像一双薄薄的嘴唇
阐释一个完美的趋向。

是谁，抓住绸带的一端
掀起她的裙摆
翻转，在空中完成拓扑学
像莫比乌斯环的流动。

耗尽了，她随后躺下
又归于静音。
北回归线有晕眩的借口
在趋势力下静止不动。

走失的语言学

站在山顶上，呼喊一个人的名字。
能感觉到热气球的起伏
在空气中使胸腔爆炸，形成一个锐角。

人们走失在雨林中。
在舞曲一样的笑声后
啤酒瓶原地旋转，成为梵谷的星夜。
地图上，热带雨林在纸上磨砂并
称呼对方行为艺术的称号。

每一片叶子都在充分地吮吸
阳光、雨露，还有昆虫的鼻息。
它们就像微型蓝图
每一点都得到培养和修复。
当天下着大雨时
棕榈树正在失去她们的头发。

儿童在角落里跳舞，成年人手里拿着乐器。
每个人都在这样做
衣服、电话、水表托盘
发出汽笛一般的响声。

锅炉的声音像电磁波在扩散
火焰将每个人的影子，又嵌回自身。
生活美学，在于将灰烬逼退
就像每一个走失语言的人
都能找到身份的理由。

春野作品:碎片。丙烯、画布

苏丰雷（安徽）

清晨的教育

应该现在就把她砌进你的记忆之城，
以便她在未来的清晨作为复数始终擦着那些街道。
她将频繁擦着你的耳道擦着你的心壁，
俨如你坚持每日在白纸上划擦出汉字。
她擦着，从清晨的五点半或更早，
均匀擦着在一条退潮的长街，
有如书写迈步于铺开的热敏纸上。
她擦着，五层楼下的地面，
在人类经验沉淀、敞开的腹部，
她清脆地示范给你写作内蕴的节奏、步调。
她擦着，教你听出书写本身的声音，
是生命的声音，是劳动的声音，
是坚硬的事物密切摩擦带电的声音。
她不断擦着，让你坚信这声音悠深，
不仅说不清开端，也不存在尽头，
不仅来源于地下的召唤，也来自上面的命令。
她擦着，连续而坚决，让你渴望下楼，
瞻望是一个怎样的男人，或女人。
她擦着，这漫漫长夜的结算，
擦出了洁净的每一个白日，
每一天都是时间的重新出发。
她擦着，在那里永远地擦着，
作为一个灵魂的永恒歌唱。

李骄阳(纽约)

纽约来鼠

哈德孙河又一次完成夜晚的托运
对着每一个经过的人说:
Cute little mother fucker
good morning

看看纽约的老鼠
模样多么伟人
拖着感叹号横穿街区
凭空手升起几种硕大

命令脚手架般的移民
认真的听取他们的前程:

以8块钱/小时的价格
合法帮新的主人逃避
内心的赋税

以打工人的赤裸和坚硬
包裹大厦迸发的炎症。

可所有的建筑都勃起如同借口
修来修去,只有噪音和噪音

好的,路况是好不了的
这些年,爱在拥堵的摸索中
变换着代词
姓名也在变换着代词

在鹤兰隧道里
新泽西质问
躺在旁边的曼哈顿:
我们到底是谁,有着什么关系?

日子被无名作者
收入集句的古董店
眼睛中的微量元素
售卖于联合广场农夫市场

如你的见和不见
纽约的 23/24 天
都闹着腹泻和肠鸣

让办公室不能消化的是你:
亲爱的
我们爱你 but 但是但是

帝国大厦和友谊大厦
是两根长短不一筷子

又一次放下悬日
递交悬日

交给中央公园的中央警察

让纽约时报也用鹅头发问：
请问是谁拥有一颗绿肺？
是谁，踊跃地顶替了别人的呼吸？

放松吧，我的岛民，
来自骤的岛，兔仔岛
和屎蛋蹲岛的

请放开你的梦话和口气
和口气的裤兜里
那些失败国家的案例

Cheers，为我们人手一杯
的现代爱情！高举过眉心
然后倒进河里

东村那不断左划的酒池
浸泡着人类的活体和杜冷丁

你仔细观察是为了自然科学
为了阅读《人鼠类动物的起源以及
亲缘性关系》.pdf

而不是登堂入室
收录为大都会美术馆
更新的藏品

可是藏家的白色眼睛
还是让人胶着

不是每颗来自亚洲的南瓜
都会表演葫芦娃啊
只有两袖空空的黑夜
是你善良的朋友

它修长的手指
不停歇地在空气中
筛出更多的笨拉海明

让无数的你
得以骑着橙色的药盒
去绞杀华盛顿广场
上困在喷泉里的时间

可是回拨时钟唱针
又眷恋表盘的,是你

你厌倦的人群
想要的东西或许很少
比如,继续在下水道
的真理庙里占有一席之地

为此,他们如同地下铁
用疯狂运行来掩盖永久的失灵

五个在神经里游了一晚上
但早上仍旧早起的神经

被布鲁克林大桥
撑在金色的许诺边上

看,博大的阴影

已为华尔街饱食终日
的鸽子造好崭新的货币

直到神经的每一根枝杈
都被放上无常的闪电:

法拉盛来信
缀满美味的无解

无解,它的战车
如蟋蟀驾驶着我们
驶过切尔西,驶过西村

即使在端庄的第五大道上
纽约,纽约

它仍以它坚韧不拔的肮脏
将我们的悲伤埋藏。

张强(赣州)

大鱼吃了无人机

他用无人机替代了星星
星星并不受控制
它们时而出现又时而不见
今夜他要向她表白爱意
他遥控了几百架无人机
上天过了不久河的上空拼凑出
一颗巨大的心,
一颗会发光的心
我看见一架无人机不受控制
像一颗流星那样滑落滑落到河水里面
被一条大鱼吞噬
从此他们的爱情
彻底跟一条河或一条鱼绑在了一起

2023.10.20

大坦克和比基尼

坦克在沙滩上操练
它们在不停地走位
浓烟滚滚就是没有一击响炮
穿比基尼的姑娘
正躺在沙滩上晒日光浴
手里还端着一杯红酒
眼看坦克近在咫尺
而她依然从容地喝着红酒
一点儿也没想起身的意思
她或许早就明白
这帮开坦克的家伙
无非就是想秀秀肌肉
引起她的注意罢了

2023.7.18

不要靠近我的子宫

先生,请不要靠近我的子宫
它是一辆房车
要带我去远游
最近我想进西藏
我不是一名好驾手
所以你的靠近
随时会让我心跳加快
甚至引发交通事故

2023.5.9

常旭阳（河南）

独角戏和三人舞

我们都太好太好了
所以需要再坏一点
再调皮一点
再反叛造作
旧社会一点
我们需要向明天致敬
但是对过往的仇恨
不能削减
我们都太好了
是吗
爸爸
妈妈
你们再不离婚
我真的要比你们提前露馅儿了

女人和苏轼

这是她从苏轼身上回来的第三个下午
距离我跟她讲起苏轼已过去两周

她坐在窗前,外面下着雨
一支塑料玫瑰斜插在阳台的农夫山泉里
犹似折腰仕女

她面无表情,
她的呼吸使玫瑰花叶子摇曳
显得战战兢兢的,从昨晚到今天
她反复刷新从河南到拉萨的绿皮火车票
妄图让价格轻盈

(看来她依旧有乘上一只木筏到江海寄余生的意思)
这份勇敢来自哪里?是否真如她的前任们所说:
"一个抽烟过肺的女人,连吐出的烟圈都是坚硬的。"

我不信一个女人能被瞬间的苏轼改变点儿什么,
蕾丝照穿,啤酒照喝
炮照约不误……

也可能我错了,苏轼大抵比我更懂女人
其实一千年前就是这样
那时他隔着一层土哭他的妻子
他知道女人在死后是无心翻旧帐的

母亲母亲

总要有那么一次,你充气的身体,瘪下来
总要有那么一次,你近乎虚无的爱好,充实起来

做泼妇,做妓女,做婊子,做孬种,
总要有那么一次生存,
生命,生病,生产,生还,总要有那么一次

总要有那么一次,你砸开一扇陌生的门,逃出来
总要有那么一次,你沿一条错误的路,走回来

不谈杀人放火,不谈男欢女爱,只沉默,
总要有那么一次
揪心于未卜的,唾弃此刻的,当无赖,
总要有那么一次

总要有那么一次,你因自己而生,因自己而死
总要有那么一次,你后悔一切逝去的事物,向青春致敬

不为儿女,不为丈夫,不为情人,为自己,
总要有那么一次
众叛亲离,大笑,裸奔或声嘶力竭,嘻,
总要有那么一次

李毓瑜（重庆）

今天无意义

今天适合做无意义的事情
比如，静默
比如，听一曲不懂的
英文歌曲
无所事事
让我更像一个人
说自己的话
想自己的事
失败了的男女关系
写不出来的诗
我睡在床上
无人与我共枕
我流浪自己
是最惬意的
事

2022.11.5.

牧羊人

我喜欢夕阳
笼罩下的黑夜
乐此不疲的失眠
仅仅为了在一张床的
草地
自由地放牧
脑子里那些绵羊

2022.11.10

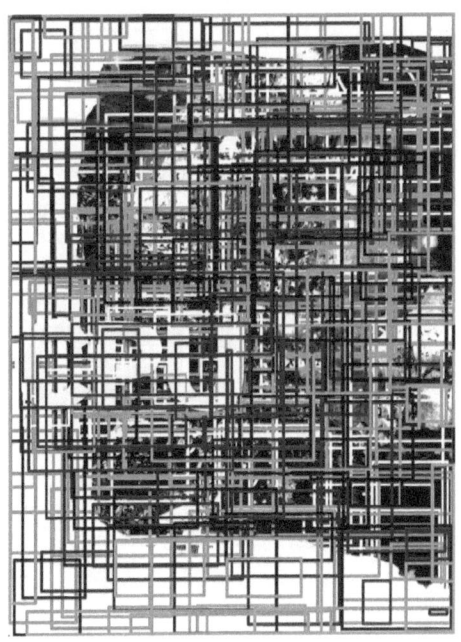

魏野作品："无题"之一

严力（纽约）

和平

和平多少年来都长不大
总是从好不容易的
七八或十几岁回到三四岁
从两岁回到襁褓期
甚至从婴儿回到受精前
多么辛苦的父母啊

幸好多数人还都明白
什么是义明繁衍的意义
也幸好造物主没有设定过
这件大事的绝经期

2023.10

初次体验

那个第一次尝试雪茄
就抽醉了的诗人
并没直接描述当时的感受
但在他后来的一首
有关初次失恋的诗里
我读到了这样的句子：
想体验生活的各种享受
就要尝试情理之中的毒素
哪怕揉成了一团发酵失败的面团
也要在自身塌陷时
抱住那个能回味恍惚的角落

也曾抽醉过的我
或许错误地理解了他的出处

但我再次递给他雪茄时
他没拒绝
而是经验老道地在点燃后
把玩着雪茄的腰身

2023.9.

苦咖啡

阳光在上午八点后
弱弱地来到了我的窗台上
还能感觉到
阴霾慢慢地隐入大地的怀抱
我回味昨晚的梦
它分成隐隐约约的两部分
就像阴霾与阳光
我伸了个懒腰
端起那杯日常的苦咖啡
至于糖和奶
多年前就已被妈妈
存进了我的体内

写于 2023.5.14.母亲节

翠儿（日本）

成为危险本身

小陷阱，从来是认准了才跳进去
填梦，也填热烈
有点摇晃的十月，落发的小白桦
假装欢愉的人儿，不过还在夹缝中偷生
与那片老旧的天空叙旧
幸福太大，沦陷在一本旧词典
里拔不出来

手指剥开黑夜的人
必先亮出自己
从太多的阴影从旧址，逃逸
与自己映照的人才彼此驿站，同行
瞬间读懂笃定
就愿意，深不可测地游进去

体内的海，也有洁白的鸥鸟与岛屿
海风再怎样用力吹拂，也不能
将我与我们分开

日暑之梦

1

深静,神游,都是极喜的一种常态
肉身上抽走利刃
旧伤疤,新伤疤,看上去都是坦途
我若独自旋转,会被日暑赦免
重新开出一朵无为的小花
死里逃生的感觉多好
在星辰出没的途中,小段和旋
像桃花潭下的鱼儿
豁然令水花欢快的飞溅

2

水边复制一个倒影
可以是你,也可以是自己的分身
所有的路都已成河,同夜雨的歌声合而为一
这迷人的重逢或酩酊
多危险啊,这空荡荡的四壁
一支生命的小蜡烛已燃至中途
日暑一样,精准到残忍

3

神游至夜半,妖怪们都睡了
羊男君一定是醒着的
小小人从他的声音里一个一个钻出来
释放了一个逃逸的时刻

他们用甜味引诱我
让我不断长出角，鳞片，翅膀
海水越来越浅，系于腰间
我在我的梦里醒着
白昼被什么打碎
又在另一个维度悄悄愈合

4

虚空总比生命更加顽强
在凌晨三点十分，它是逆行的光
聚集在神经的末梢，像按了暂停键
的一个片段，让你可以反复触摸
那个看上去最美的源头

5

后来呢，S镇小小的蜗居
仿佛有了灵魂
爱上月光背面的默读
爱上一整夜
驮着四面八方的落叶摇摆
炫舞，簌簌而歌
一池秋水，翻动着她虚无的羽毛
缓缓向内敞开着，篱笆小隐
风又起，无好无坏，无始无终

6

回到黎明，回到光明抵达之前
漫长的黑暗里。仿佛小人鱼
以泡沫的形式，回到咸涩的深海

而岸，还在遥不可及的高处
昼夜的边界，多安静啊
灵魂里的那一声暗哑的余音
是呼吸，也像窒息，又像竖琴的弦，悬念
松一下，紧一下，充满了未知的转折

严力作品："梦幻系列"之一。丙烯、画布

墨家（湖北）

左岸，右岸

沿岸十公里，我们都不交谈
骑行的少年弓成一阵风
满山的山毛榉，是起义的草莽英雄
我是湖泊的十万分之一，你若荡漾且荡漾
沿岸五公里，种了大树月季
花开的欢喜，像你不生病时飞跃的姿态
会遇见滑板儿童，徒步的老者，跟他们交换大雁的信息
水有了边缘，飞蓬开满白色的花
野鸭三两只，咆哮着向水中央游去
沿岸一里地，光辐射区域，可以听见山那边的私语
有一些岔路，我们并来不及分辨
那些有着陪伴的人都领到了爱情
你在湖水里，向对面游弋。知道你还要返回上岸
我伸出手臂，把左右岸都拢在怀里

2023.10.26

慢冷

那是两件衣服。换一次就变一次形
脱一次就晒一次骨头
正面交锋时我伸出伪足
踩到所谓的实地指望摸到季节的更迭处
他们在秋天里不结硕果
就不会交出内心深处的谋略
反面我会萎缩,把所有有着张力的肌肉收回来
淡蓝的网兜,鱼白色的背心
足以盛装了 21 克魂魄
菊花眼看就要开了,吆喝一天三游的兄弟
又钻进观音湖的中央,在那里是天地交接处
人会失去正反面,会不要衣裳
除去俗世的一丝半缕,才是最干净的身体
他们不再变形,永远维持自我原状态
而季节渐深,梧桐叶空无的落在了水面

楼细雨（唐山）

像秋的静美

有声无声的收割机。杀生，杀熟。
收秋，也收青储。
现代的齿轮，有着老顽固的格律，
纠正着孤雁、瞭眼等微小错误。
参差排比、列锦的草木，
在一片喧嚣中试图破而后立。
无从考量的清浊音，
美声、民族、通俗的谈吐。
而成熟，正以
中年知晓凋落的打开与收敛方式，
清点、安排杂念，而不是选择剃度。
安静的盘坐——
这段红尘裸露的筋骨。

在长夜的底部作诗

早已习惯，紊乱了阴阳的生物钟。
守夜人，在众梦的井深处灯火通明。

偷偷的一枝烟，
不可触摸的一口酒。

这看似平静的海啊，
四周隐形的风雨随时都会闪现。
微小的伤风，就让它一笔破碎。

不可抗拒的龙卷，
就把梦魇中不能醒来的人背到台风中心，
这危机四伏却又无比平静的生死之间。
这残酷又无奈的自然关怀。

——黎明也送来了属于我的梦，
在这天下书写的病案里，
也有属于我的病。

除了不可抵达的诗的远方，
还有青蚨数钱，重如千斤的玫瑰。

2023.10.25

横刀（石家庄）

浅酌与痛饮

昨日本该浅酌
不想却以痛饮收官。以至于
醉里的诗行被人歧义，人生误读成往生或尾声
死亡随时像口布满伪装的陷阱
但我还是绕过了它
我有无尽的热爱不肯止息，如草原星火
燎原时曾与夕阳结盟，以血之沸腾
昭告过人间
痛饮犹似浅酌，而你眼中的万里沟壑
在我不过是蜻蜓点水，妥妥的一马平川

又一年

总有些倒叙，不肯压在箱底
每遇春风就会被唤醒，就会看见
一个看似威猛无比的将军在战三国的同时
却又觊觎西楚的土地。准确地说
虞才是他心中所向
请原谅我的诗意即将枯竭
无法将浪漫，花朵一样地展现

你得许我按一按这个春天
它的嘘声过于高亢
我不想我的血液，在它误解中逆流
我还要去应付
此时有人又一次铺开的战场
所幸的是，我们同在洛阳，无需回到三国
或西楚。重新舞动刀枪，刺向你的霸王

2022.2.25.

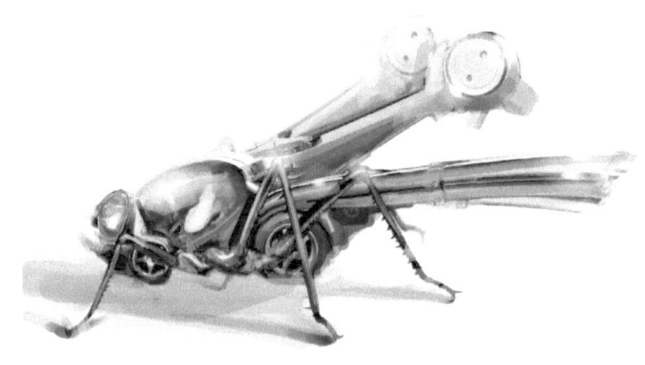

王大宙作品："生物车系列"之三

盆栽菩提（佛山）

夏至

有的词是天生的动词。这个
也不例外。

我有把名词理解成动词的习惯
就像把老板，看成一块朽木渐老的过程

这不能怪我。要怪只能怪
汉语自身的肌理太过于迷人

比如这个让人窒息的高温啊
比如这一天天身水身汗的树木

在钢筋水泥的丛林里
我们连枝叶也不是

2023.6.2

不喜欢下雨

我吻过。悲伤与五月马不停蹄
残存的荣耀早就偃旗息鼓
大海与蔚蓝没有边界
口干和腰疼同样如此
以一己之力,我遍吻这城市
这城市翻转的酸楚和甜蜜
我吻

吻你粗糙暴戾的六月
吻你
唇边掉落的自尊与绝望
白衬衫,不老的气味总是夜半袭来
"以梦为马的国度现在如此浮躁"
书箱里躺着不能动弹的肉体
以及蒙尘的阳刚
我吻,以我屈辱的唇

遍吻草地,散落的暗淡的你
迫不及待,痛苦失声
湖泊如此简单
小腿对山从未如此怨怼
我的辽阔四下逃亡
没有一种合适的方式拯救马二黑先生

我吻。吻你堕落的优雅,企图激烈

企图穿越重重关卡
用怎样的姿势面对冰封的王座
相遇之前我设想过无数种可能
唯独不知道我的笨拙行走
登不上无星无月的城墙
无法呼吸显得庸俗不堪

在我抵达千灯湖之前,你的睡莲
仿佛士卒三千
沉默,不失锋锐
每一种暴晒的情感都不缺蝉鸣
碰撞测试使我忘记众生皆苦
我吻。以我的污浊糜烂吻
这城,这夜,这浅尝辄止的阵雨

2023.6.18

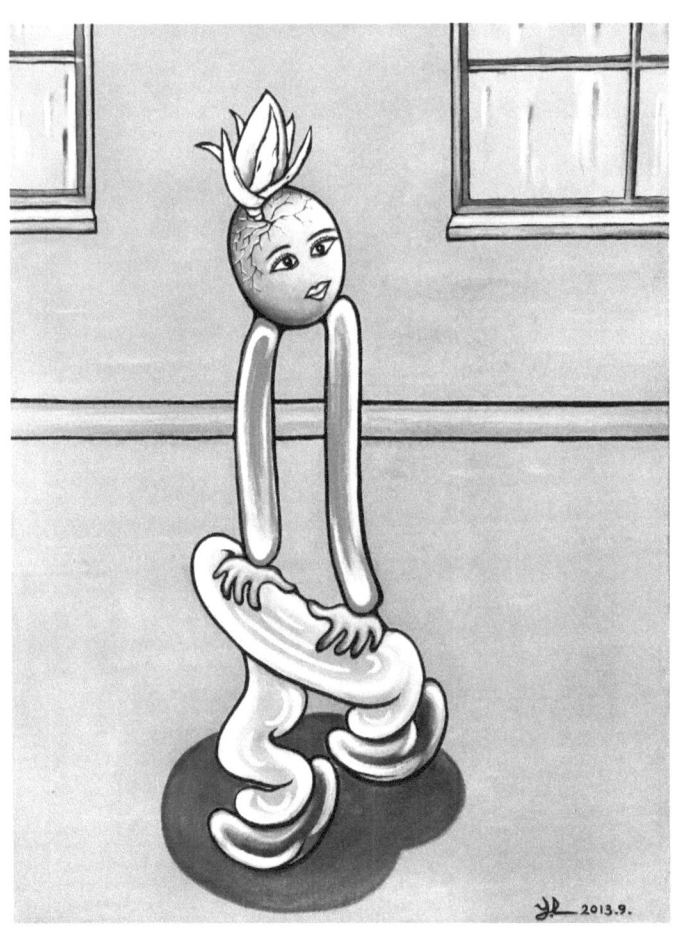

严力作品:"梦幻系列"之二。丙烯、画布

寒山老藤（纽约）

物证

从历史博物馆出来
我才醒悟
爷爷用鱼骨搭建的
从未飞走的鸟
不是在长考生命轮回
是在警示一条鱼
是如何被拆拼成了
一只摆设的鸟
之后我长期受困于
自己像一只鸟的连锁反应

2023.7.22

张宗子（纽约）

白花溲疏

很多年后
我们将学会用夏加尔的眼光
回望这个狭小的世界
把一切染上
梦幻般的蓝色
让筋疲力尽的马
和笨重的地铁一起
飞翔在云中
白天充斥着怀疑和危险
夜晚美酒飘香
善良的面孔单调如一
而且从不衰老
作恶者却不断变换
从蝼蚁到狮子
从秃鹫到泥鳅

盘子里的鱼可以选择
和一枝铃兰搭配
或者斧头
和三角形的铁器
加上几颗成熟的梨
在被拉长的房间里
每个屋角都是一只鸟

被雕刻出来
用一生培养成的品质
与死亡相拼

这是无穷无尽的退却
以此来消解世界的敌意
用光屏蔽光
用黑暗反射黑暗
拥抱着人类愿意持有的愚蠢
切出钻石的棱角
在寂静中
让成团的白花
栽满新居的庭院

也许很多年后
直到无可依待
直到被断然遗弃的色彩
重新回到身上

2019.12.13.

思静夜（武汉）

时刻

1.

重返自身的时刻。昼与夜的界限抹除。
悬置之我回落，斩断你浑噩的绵延。

心思早已打扫干净，住进来一些外物。
两份互不挂碍的自在，各得欢喜。

窗檐跳跃的雨线展现它变幻不定的面容。
到底是自在之物，独自清冷独自浪漫。

2.

街道萧瑟，在在都是尾声，都是未尽之言。
一如这季节与时代，收割着不多的时日。

失去血肉的抽象年月，你不得不返回
抽象的自身，在那里设置黑白分明的界限。

能清点的也只是一些隐而不显的人心
还有你秘而不宣的小侥幸。

3.

一切都徒劳着，小侥幸躲不过大狡计。

时间是一株老到的姜。待大雪封山时，
遍野都是辛酸与祁寒。白色是凝固的
颜色是葬礼的颜色是恐惧的颜色。血

是你的生命是你灵魂的元素是你生生
不息跳动的脉搏，也是它们的兴奋剂。

4.

它们有白色的安稳和血的癫狂。而你
只有孤独的善。孤独的善喂养着它们。

余下的给予遗忘给予一堆冷切的灰烬。
所有的语言所有的火都在焖炉里焚尽。

灵柩承载不了希望，那是一条绝望的
虚妄的路。灵柩只承载悲伤和愤怒。

5.

返回自身，伸手接住虹膜深处的光。
照亮肺腑涌动的血，那里有生命的隐燃

之火。黑夜里寻不到白昼，黑夜背后
是更深的黑夜。石头死于长久的缄默。

缄默是同谋。历史从墨色的字里行间狂笑
而来。而我们曾以为它们已死在纸张里。

6.

窗檐的雨还在跳跃。雨水只是雨水，自然
只是自然。你有你的血雨腥风，它有它的

风调雨顺。你有你黑色的痛苦,它有它午夜的安宁。你的春天被绝望埋葬,它的

春天草长莺飞。如果没有生命之火去创造,天道只是一个虚空的抽象符号。

2023.11.6.

施海兵作品:"无题"之二

邱辛晔（纽约）

高潮

除非愿意翻车
豪情万丈只能在轨道上折腾
实际上你是铁轨的枕木和螺帽
而不是车头
因此你没有出轨的可能性

下一班列车还没经过
轨道延向西方
我透过铁路桥的铁网俯瞰
这循规落市夕阳的
高潮
上演着跌落于水的速度

2023.10.27

内伤

折磨膝盖的伤还住在痛里
我不得不依赖护膝的遮庇
养成了习惯之后
膝盖在护膝的殖民地里
忘掉了自己的权力

今天见了一位时髦女郎
牛仔裤挖掘的露膝大洞
唤醒了膝盖沉睡已久的冲动
内伤跳出来
用自身的暴力重新划分封锁肉体的边界

2023.10.18

拔牙（加州）

海子

只身打马过草原，
你把远方的远，在死亡中，
凝成了野花一片

死亡，从来都是你的，
你把它缓慢有力地拉近，
拉近，
用太阳烧成
敦煌石窟上的木桶
断了骨头的老虎
和雨夜偷牛的人

只是，你还太年轻
还没有时间让苦难在胸膛里生根
藏起笑容和泪痕的养分
和绝望一起长出青藤
为了生存
于是春天的时候
千万个海子
野蛮而复仇的海子
在你浇过泪水的村庄里复活

哦，你是赤道的主人！

云中雀（加拿大）

生死之约

金属圈上我们彼此陌生
却紧挨在一起
出生就穿金戴银
玲牙利齿却克守秘密
出入互相叮当一声
算是报个平安

我们内心因孤独而生锈
每一次只能打开
一扇属于自己的门
门一旦拆除或者更换
我们就被那双熟悉的手
无情地移出圈子

我因专一得生
也因专一而死
此刻你的手微微擅抖
轻轻把我转动
我孤身走过狭长的山谷
抵达命运之门

远行,剩下一枚银币

暮中列车即将启程
孩童在卖力乞讨
旅者行囊羞涩
匆匆抛下几枚硬币
请分去我一点点
落魄的离愁
戏剧克制而有张力
在时间的横轴上
银币两面上下翻转
落面是应许还是宿命

现在时间垂死了吗
拖着一条疲惫的尾巴
坐标指向未明之神
我看不清自己
是那车站的孩子
还是他乡孤老
眼睛开着半黑的车窗
一切在黯然离场
唯有黄昏零星的钟声
像上帝洒落的银币

湖边（加拿大）

扭曲

一个孤儿，在大雾弥漫
的街道上漂泊
除了眼前的迷茫
你不敢相信任何事物
石头上的纸上的空气中的
每一行文字，都可能是一根
慢慢收紧的绳索
一份无需签字的契约

用一个苹果
蛇，换得了人世间
绵绵不绝的罪恶
你的身世深埋于地下
只有考古学者的手才能发掘
那些并排而卧的白骨
也许并非为情所困的恋人
而是被迫殉葬的牺牲

迎面走来的，可能是人
也可能是魂魄，不要开口
如果你想倾诉，去找一棵树
孤零零的那种

如果你想哭，就找一堵墙
最好厚重一些
它们没有嘴，从不许诺

春野作品："谁"系列之二，丙烯、画布

步姿(苏州)

你的花园

每当清晨第一缕阳光射入
花木,假山与喷泉
你的花园
一种唤醒的方法
一种超越生存的方法
一种对抗失去的方法
你的孤独与脆弱
埋藏于泥土之下
你的智慧与灵魂
闪耀在
那些生命之上
曲折,切分
勃拉姆斯式的浓缩
晚酒,沙龙
灵魂相似的盛宴
你把世界的美
耕耘出千百种印象
你的语言,汗水和你的爱
流动成了血液
使她为你/夜夜不眠

一初（南达科特）

婆娑世界

请允许脆弱的花朵
早一些凋谢

请允许夜晚的星星
偶尔熄灭

怎么劝你呢
可怜的失去 3 个孩子的父亲啊
我的心也在缝缝补补

一条条公路埋葬着不知名的草和花朵
一辆辆车没有为一行行归途的蚂蚁让路
没有为一只停下来祈祷美好的白鸽让路

更多的高楼还在试图挡住太阳和月光
阻止清风的流动

怎么劝你呢
如果我的慈悲能灵念
我也想将这世间的污垢清理
将丑陋的人心投进黑洞

月光的衣裳

怎么不想呢
整个夜晚我只能穿着月光的衣裳
蜷缩在木质的床上

西风一片片响彻门楣
蔷薇黯自落去

鸟雀都噤声了
落叶缤纷

露珠灿烂着就碎了

你听不见叹息的
离我那么遥远

更何况有无数的花瓣遮挡
还隔着一个漫长的雪天

像我这样不争的人
也注定是最晚和你相逢
甚至来生

文蓉（新泽西）

如此

七月，剑兰在邮箱旁
拔出利刃，刀口温柔，开着人间想象的纯白
花色从白过渡到粉，像有侠客
只身潜渡两色之间的河海
雨水巧言，轻易劝其放下
一生！来去不过三两天的江湖
渡花的剪子，佛前供养
多像古龙武侠外一篇

凌子（江西）

雪说

在天堂
你说太寂寞了
到人间
你说太肮脏了
去地狱
你说太黑暗了

投胎为水吧
血肉埋入泥土骨骼刺进岩石
魂魄留在云端

黄小线（南宁）

患得案卷

七点半后，我的孩子和小伙伴们踢足球
我在不远处散步
偶尔，球会滚到我脚下
我轻轻踢回去

这是一天中最慢的时光，我缓缓穿身而过
这里面有种神秘的力量带来
坚实的平静，和莫名的心安

但也不是长久的。有时一盏路灯突然闪烁
就会打破我的心境

做为生活的弱者
我对爱的到来和失去
会更加敏感一些

吹灰案卷

雨后出门,看到一只蚂蚁困在烂泥里
它的一条腿黏在泥土上
看样子应该是挣扎了很久

观察了几分钟,依然看不出它挣脱的可能
我叹了一口气就走开了

但愿,它能接受这样的命运
犹如我,已经使不出吹灰之力就
平静接受了生活的灰

李威（成都）

梦中

我遇见一个一生没写一个字的诗人

他说：我自傲于
在晦暗而喧嚣的梦中
我用一生不写一个字
写完了我的一生这首诗

2023.10.30

"山坡开始泛绿"

"山坡开始泛绿……"
"一年前的春天，他们还活着"……
一年前的春天
他们中一些人还"端着枪，站在污泥里"。

但我不会妄加赞美，或鞭笞。
正如我不会不加分别地感叹：
啊，倒在战场上的都是母亲的儿子！
母亲虽是母亲，儿子虽是儿子，

但我也见过儿子携手母亲
要走回那儿子母亲相互检举揭发嫁祸斗争的世代!
因此我痛恨一些儿子端着枪站在污泥里;
因此我赞美一些儿子端着枪站在污泥里!

他们中有好多活不到明年山坡泛绿,
法国电影《悲惨世界》的旁白响起:
他们同样死得年轻,
有的为过去而死,有的为未来而死。

2023.10.30

  (诗中加引号的诗句,摘引自李伟的诗《山坡开始泛绿》)

宁小仙（西安）

九月的碎片

1

今年雨水多，多到有些愁人

南墙根的苔藓都长出沧桑脸了，雨还是一场接着一场，没完似的

雨下得久了，母亲也开始发愁，说这样下可怎么办

昨天的雨压坏了几株辣椒。还在开花结果的菜苗子生生被雨水压断了，把我妈心疼得

我去桥头看了下，湖水涨高了，梭草野蒿子被浇灌得小树一样，翠绿又茂盛

天还阴着，阴得能拧出水一样，估计这雨还得继续，且等着吧

2

雨可不接着下。花架下小溪一样

想到前段儿隔着藤架看到月亮也隔着密匝匝的凌霄叶子看过我，不由感慨

晴天少，总忘记头顶还有个三十年前的旧物，

偶尔想起，也是这湿漉漉的雨天

3

趁着雨歇去湖边散步，草丛里金铃子不要命地喊叫。
（它觉着自己是在唱歌吧）

我说：这么喊嗓子不会疼吗？
我哥说天凉了，可不得加把劲给自己找个媳妇儿……

4

小麻鸭在湖心游得恣意
绕着湖边散步的人三三两两，花猫弓着背从草坪上走过，水鸟张开硕大的翅膀，流水从堤坝上流向低处
是很好的九月。小雏菊开在路边
四周野草茂盛

5

晚上屋顶的旧瓦被雨敲打出了声，又被风吹着落了地，脆脆地裂开
难怪古人一到秋天就愁，西风落叶，秋雨寒虫的，房子也不结实

6

早上竟感觉到冷。树叶子也掉得厉害
不小心感冒了。可能是年纪大了，抵抗力差，吃了几天药也不见好，每天抱着热水杯，和窗外的雨一样悒惶
这会怎么看淋在雨里的都是悲伤的，萧条的
坠叶惊离思，听寒螿夜泣，乱雨潇潇。
秋风不似春风好，一夜金英老。
低回半枕梦，萧瑟一窗秋。
梧桐叶上三更雨，叶叶声声是离愁。
……古人诚不欺我

7

夏天这就过去了。

忽然生出不舍，并且是万分
上一场雨便觉着该收拾衣物了。年年做这些重复的事情
仿佛是自己把四季锁进了柜子里，到适当的时候再放出来
简单又繁琐。清洗，熨烫，整理
把过季的收进去，把当季的拿出来，季节最后被我压缩进一个个袋子里，搁置进柜子
一年四季，整齐而有序

8

我妈一直在她的菜园子里忙活
逮了一只菜青虫，兴冲冲给乌龟说：快，
一口就吃了啊……
很有些不满地跑来和我说：咱家柿子只结了几个，还有大鸟来吃，xx家满满一树也不见去祸害……
我满头黑线，想我妈妈真是一位老人家吗？

9

雾蒙蒙地看不清远处的山
近处的水面也烟烟的，颇有些烟波浩渺
想到水里新添的船，芦苇荡在被风摇晃，带着尘世在飞的白鹭，捞鱼的半大孩子……
季节总得这样重复，人也得这样过活

10

萤火虫
外婆说，每天晚上
你看到的第一颗星星，就是你的前世
它又从我的梦里飞出去

草那么深。一棵野蓼子就能挡住的月光
和别处的风
水渍漫延至脚面,大鱼闯进沼泽
说晚安的虫子,长着长长的触须
亮了亮了……我不能回头……
身后每一声蛙鸣,都会喊落一只提着灯笼的自己

魏野作品:"无题"之二

黄婧怡（福建）

看雪

直到使命使我们分开，
在交错啃噬的车轴上，泥泞的脚印
噼啪的，躺着，等着发紫，老去
或者选择被选择，就像现在在小径边
一丛丛，栖息凝望的雪
确切来说，是在絮雪沓沓以后
随着那听说着的风确已溶化
一座座站着呼吸的荒岛，
于路缘的海角之处，与我们的目光相遇
此刻的马路，在深夜里安存着
无论如何，我确已错过了雪
它如何地严酷或浪漫，我只能去感知
当我凝视孤岛
总有几面晶体，越看越是洁白
它的冷傲令我高兴
需知能量既已守恒
但在那些雨后，篝火的精神
它是怎样喘着气活着
却是梦境的自白稀释如泥

My Favorite Things...

街灯的金边贴在天桥的玻璃窗上
玻璃天桥两边，购物中心的美拍短片
蓝紫色的夜色下红色的灯笼
自给自足的焦糖琥珀大衣，
给我给我，那些我们不断签收的
撕掉单号，搜索的注册的
我们仍继续走着看节日的灯会
没有停下来，缓缓向前
我们知道很多，消息上天又入地
但大数据，看不见就可以不知道

你像隧道之眼不断往后退时
会有东西拖住你，比如
酸菜牛肉粉汤底的甜味
窗纱上立春的初潮，
江滨边宫庙的橘红色灯火
当然还有如期到来的
Veromoda 早春新款，
看到了吧，我是粮草充足

Baby 我们应该把车开进郊区的森林
在草坪上铺上土耳其花纹的野餐布
到晚饭后，你侧卧于我的膝头糯糯而语

我会让你明白，
你的什么酒馆，广场，书店
都不是真的真的

只有冬天渴望壁炉的烘托感是真的
你还不明白，比你的这些更难熬的感觉是
他们聊天，他们喝酒，他们跳舞
但这时人群不是我的，过程不是我的
生活也不是我的
因为我不是他们这样的人

快把我们的连接扔进空气里
整个星球都将是我们寻欢的马场
在夜空下，交谈好像再不能如此般幸福
但请告诉我，你会渐渐地离开我吗？
如果我既喜欢野心，又珍视家园
如果我不告诉你那些最容易说的事
如果我像绑匪一样抱住你

刘年久（陕西商洛）

常常感到挫败

挫败，保留在我体内
无法分身去做更多的事
我趴在床上，想一个遥远的女人
她像猫一样若即若离
从不显示底细
所知不会超过已知
雌性天然的神秘
最爱牵引一颗游荡的心
我常小心翼翼走在大街上
感受着体内的紧张与谨慎
或许这也是我见到你时的反应
此刻你知道我正在理解你
其中有很多幸福的猜测
思索你是这样一个人
而不是另一个
我并不打算揭开你的真面目
当我向你求证时
你最好缄默

我的自画像

两个我在不停地交锋，拉锯
两种力量此起彼伏，交替控制着我
伸出手臂我够不到自由
敞开怀抱，里面是空的
我在原地打转，有很多妄想
缺陷，像勋章颁给我自己
疲惫时，不想早睡
冲动时，把爱和性分开
我总做同一个攀登不到顶峰的梦
常常在最艰难处醒来
我爱幻想自己变得崇高
转念又极力否定自己
我喜欢玩这样的对抗游戏
哪怕现实与理想分属两个世界
我发现，我的一生都在克服
我随时发现的任何心灵上的不完美

马克吐舟（北京）

惊恐记

她在我耳畔呼叫
划开贴身蝉鸣晕成的光环
而后融入更浓的汤底
寿命薄如涮肉，片片铺展
刁钻的筷子伸向全息肥羊
动机单纯而狂妄，如街市
比拼热闹的音响，泼洒满盆
地气。无从预测的翻卷和抛掷
把即将落到胃里的休止符
和再将砸到地面的杠铃
最终都混进一坨麻酱
虾着腰，也休想滑过
世态的里脊，幼龄的叉匙
从后背冲杀上脑，串通崩裂
的盘子，对准死穴摔打炮仗
铜锅催迫三条腿的京豹和红蚂蚁*
恨不得把夸大的训喝
按压到谁的来生。莫轻看
低调的黄瓜条，有时
百灵鸟的歌声也会将你刺伤

*"京豹""红蚂蚁"均为三轮车品牌。

仓皇记

一下子，水就漫过了眼纹
石头就滚上半空，对准
凡人之踵。降临可畏，再牢
的鞍鞯和缰绳，都架不住一场

雹雪的狂奔。而不降临的更为
阴狠，低垂钓饵，却像倒挂
金钩也踢不中的电灯泡，夹在
剪刀与布中间，放出牛毛喽啰

专挑烦热的痒痒肉播种预兆：
多肉变形，瓷碗裂口，手机 APP 上
长出红斑，萌动的征象抬高
期望的价码，迎合蠢蠢窥探的

熊市。蚂蚁转来转去，搜刮
点击-查看固定轨迹中的残留物
任屁股出汗的猕猴守着一颗
反引力苹果，在金色磁浪中陡升

如胸腔里突然扭捏的心脏
从另一场梦里掷出的飞镖
穿破他的梦。是否仍该庆幸
我们离生活很近，离死亡尚远

孟垚（河北廊坊）

草场地断章

公无渡河，公竟渡河。
——古民歌

为了抓住天空而匍匐在大地
天，都黑透了——终于等到
大腿充血的地方不再钝痛
星星从成排干透的阔叶盆景中
唱着歌，打转，烟花般涌出
被大象和蝙蝠惊出的汗
自额头流到锁骨，也渐渐干了

那便是，出发的时候吗？

错过了路灯熄灭太阳的瞬间
还有墨分五色，五环外的夜
相比圆心是否更有别样的波澜
淈其泥而扬其波兮，奈何
诸如古典学和塔木德的箴言
都被抛诸脑后。比起旧铁道
和带些审判血味的方舟
发瘪的单车，最如多情的共享主义

这样异想,也是一种被动自由
仿佛锥形的盒子,有天使从身后
端来一盆冒着热气的胡辣驴汤
圣号响起:要在城中村寻找出口
但我犹豫,自有彳亍的理由
昆明阿姐和绥芬河大哥说这里通天
入地,进去了就是下水道的
一条泥鳅,在大城市畅通无阻
活着,也要在永恒之环上愉快跳舞*

回家也会是容易的,对吗?

咕咕叫的肚子,心跳还有眩晕
看到写字楼发出极光的夜晚,一切似乎
更加强烈。等了一个冬天那么久
二维码都过期了。黄的,绿的,红的
过时地考古一些被风掳成断章的
等因奉此。青椒彩椒,全粘在一起
加载不出缓存般地打蔫,雨水还是
化开的雪花,比那夜浑浊还要发冷

日出入安穷,时世不与人同

去做梦,做梦,因为梦里的自我
真的没有什么杀伤性的想象力
半新不旧的身体,水族般洄游在
彩钢板包装的迷宫——忽而将信
去国离乡有蜃楼——忽而,将疑
真理略宽于贩卖两荤一素的转角

没有烟囱，蝴蝶从排风扇中鼓起翅膀
缓缓飞向远天扑向酸胀的眼角
难堪，然后学习如何接受拒绝*

拉着你的手，径直走向坍塌在
毛细血管的深处。不及严肃地忧伤
不及怀旧的小巷，并不能分割
循环如三餐和情欲的太阳。何况
总有小心的人在头顶种满韭菜和凤仙
和为违建增高一米风尘仆仆的腊肉
偶然虔诚，接收城堡重组的信号

使那多余的就不再显得多余

雨季遥遥无期，北方角落的冰沙
发臭且毫不融化。成熟的人
和自己谈笑，忽视尘埃的单价
甚于身体和一部荧光爆炸的天梯
霉痕独自茁壮地隐入阴影，把真话
和痴话搓成一团。电力过剩
保质期又太短，小道消息
总比名人名言相向生疑和催人奋发

这便是，学会遗忘的开始吗？

小舟仍然在大海飘荡，大海的前面
是忽而打开和关闭的闸门。不远处
狮子的吼声薄得锐利。总有些窄路
变成一道道窄门，总有窄门上锁
从此再不可打开。台阶穿膛破肚

鸽子利箭般飞出，耆然戛然
冷气中尘埃骚动——星月旋转
在废墟之上等待一道刺向甜蜜的闪电

*语出马克思于1837年创作诗剧本《Oulanem》，"我必须愉快地在这永恒之环上跳舞"。
*第欧根尼祈求雕像给他施舍。面对众人的不解，第欧根尼说，"我在训练如何接受拒绝。"

晓雯摄影作品："无题"之三

蜕痖（北京）

最后的晚宴

死是雨中哆嗦的饭盒，头盔绑着，骑手的雨
下进时间的褶皱里，全世界都转，夜晚降临

一颗落寞的盐，被雁塔呼啸的风吹醒，她们
抱着，像太阳取暖于共度衰老的晚年。墙壁

挂上流逝的钟摆，计时等待云舒卷雨，闺人
起身，与乌鸦共享：秀色盘餐的外送，清酒

饮醉了独居者的玄月，女儿平躺，一叠诗集
落在吊兰生长的天空里，声音在此刻是白色

纯洁如我的中年：降调，乘着楼前的琴键
奏响鸟惊飞的尾翼，悬线溢过光阴，乐声

囚禁长逝者的秋韵，女儿，到时间了，走
出那扇门，成为一名骑手，睡进山的脊背

晨锁

那把锁就扣在门上
许多过路者尝试轻扭
但都失败了,每个路过的人
都好奇于这把晨锁

他探出身,仿佛第一次
抚摸女子清澈的脸颊
旋着逃遁与紧张感
他怯怯地问:
还是不能进入吗?
她怯怯答道:
是的,也不能出去

张耳(奥林比亚)

"要跟妈妈玩"

这里是另外一天,黑天,白天或者蓝天
都一个意思地向我们描述一场清晨的雨
不分你我洒向另一页。女儿铅笔下的蜻蜓
有昆虫的框架;黑斑点的透明翅膀,黑肚皮
黑头,黑脚隔着白布罩,仿佛在睡觉

与法布尔荒石园的插图很像。"妈妈你跟我玩!"
"嗯,小心呢,你画上了眼睛
它就飞走了!"
"不会,它眼睛也黑"。
这里面省俭了很多道理,也蕴藏了
很多道理。孩子想象力的台阶有
家燕忽拢忽展的尾翼长长,一上一下
飞出一只优雅的斑马纹燕尾蝴蝶。还是庄生
在四个瓣儿的壁花丛中飘忽?沙哑,音韵不足
而音韵不足,正像西部拓荒者的草帽缺乏风致——

黄城根一溜门,出城往西,再往西
青牛头顶油亮,青牛头顶的光
 (不知道那骑牛的戴没戴草帽?)
另外的讲法叫"大手笔"……
 "妈妈!你跟我玩!!"
显然,这光也照亮我。

译诗

严力作品:"梦幻系列"之三。丙烯、画布

一沙一蝴蝶（选10）

阿布卡西姆·伊斯梅普尔·莫特拉格（伊朗）

海 岸（上海）/译

1

天使回来了
一度迷失的天使
骑上她受惊的黑骏马飞奔
穿越我燃烧得半焦的血管

她在祈求什么？
可又不敢问
广灵一路上
叮叮作响的
骑车人
她不敢问
那梧桐树枝交叉的
迷宫般的小径上
被震耳欲聋的雨水
打得失魂落魄的异乡人
姐妹般如痴如醉的梧桐树
凭那绿色的爪子
攥紧受冻的光线
吞噬

受惊麻雀的寒鸣
化为透着寒意的浑浊嗓音

你咋知道
天使已在此降临
或者她是芸芸众生间
你以往从未见过的幻影
渐渐退隐的沙粒
摇曳着光的旌旗？

2

蚂蚁叫出声来
从不毛的叶脉中吮吸汁液
它认为月亮是醒着的
春天昏昏欲睡
惊恐在冰冷的怀抱里颤栗
在飘雪的心里颤栗
它认为
有人来自遥远的星系
渴望嗅觉
并叫出声来
它愿长出一对翅膀
唤醒春天
并让月亮入睡
但是，它自己
在恐惧的极限睡着了
汹涌的波涛在歌唱
云层潺潺地低吟
而蚂蚁
一点也睡不着

3

影子进来
坐在大门的一侧
随同陌生的影子一同消退
影子颤栗
在喧嚣的帷幕中

影子又老又弱,且惶惑不安
跌倒在那棵老树的树干上
它的双唇紧闭
嘴巴睡在火炉里
对着半焦的树叶说话
害怕内心的那条龙
在火和冰中燃烧

影子无精打采
奄奄一息,在闷热的空气中
在荒岛的尽头
在冰冷的地狱里

4

一沙一蝴蝶
迷失在迷醉的花朵

哪里可寻一只蝶
那蝴蝶亦非
那只蝶
那只遗忘自个蝶名的蝴蝶?
哪里可寻,哪里?
那闪烁的一瞥

融化在最后的诀别里？

哪里可入眠？
在全然忘却时光的雪花里
或在千万次涌动的
迷失的叶片里？

那不过是一个走向湮灭
濒临死亡的借口

面容
沙粒
蝴蝶

哪里？
只是告诉我，哪里？

5

酒醉的影子在雨水的
种子下跳舞
天空突然着火燃烧

我把明天看作手中的伞
雨不想就此停下来
雨不停地下啊下
到心中锁定的卵石上
下到意象的岩石地里

下到
被遗忘的庭院角落

有人蹲在那里
想着这就是天堂

孤独的竹子
在旧蒲公英的翅翼下
跳舞又叹息

6

有人在无意识的窗边
唱着歌
安慰遭遗忘的花坛

默然憎恨
水听着蚂蚁们的歌声
它们把秋天搬回巢穴
带着醉酒易变的颗粒

想你，空荡荡的家
风吹走了它
窗户是空的
灯是空的
船儿载着上了天涯
为了忘记它的名
忘记黎明
向一位女神不宁的春天
许诺夏天
她的歌声哽住了咽喉
也不知道夜晚的暗语
该往哪个方向出发？
该向哪一盏灯敬礼？

该去聆听哪个声音？
去问候，还是告别？

眼睛默然
嘴唇停止守护
耳朵已没了意识

想你，空荡荡的家
丝绸之声变得沙哑
不再歌唱

夜晚是一个吻
迷失在刹那间的熔炉里

花插在哪里？
花瓶又在何方？

7

脚下路过的泥土
苍白又冰冷
南方与北方不见星星
东方与西方不见太阳

心的冰烛
一滴滴的落下
老人凝视
唯一倒伏在大地的树
不见一丝归途
夜晚的膝盖皱巴巴地
落向冰冷的冻土

大地没了耐心
没机会躺下
躺在幸运星上
忘记
又被忘却
最后融入一丝夕阳中

老人依然站着
火山口的洼地寒冷无比
灯笼从他手上掉下来
飞向那块抓不住的颧骨
它刚睁开眼睛
在最后一刻
微笑

千禧年的眠床
苍白又冰冷
脚下路过的泥上
昏昏欲睡

8

长路
漫漫，迷宫般的
漫入荒草下的
千禧年之墓

半路之上
我回望
没人
了无生息

长路
漫漫，迷宫般的
原始
又永恒……

9

过路的人
一点儿不知道西风
正梦见
有人放火烧了庄稼
一个一无是处的家伙
有人在心中忘却了
秋天的叶子
告别了雨
全身湿漉漉的
有人看到了路的尽头
也不愿回过头
去回望过去
此事在成吨的泥土下幸存
很长一段时间
不会变成碎石
沙粒粘在一起
星星
根本无法入睡

10

种子正剥离枝丫
呼吸
朝圣者

倚着千年的篱笆
凝望平和端坐的玉像
以他一丝微笑创造奇迹

青庙的佛凝视着
黄庙的佛睡着了
梦见沙粒的种子
寂静的种子
轮回的种子
来生的种子
彼此锁在一起
宛如一条链

沉静的眼神
双唇、嘴巴、双耳
膝盖、手臂、心跳

沉静的微笑
诞生那一刹那的宁静
睁眼溺水孩子的死寂

鸟儿之死的寂静
先知无言的神迹
幽灵之家的死寂

死刑犯最后一刻求生的愿望
在无尽的小道上沉默

（译自伊斯梅普尔诗选《刹那间》，德黑兰 Ostoore 出版社，2018）

作者简介

阿布卡西姆·伊斯梅普尔·莫特拉格（Abolghasem Esmailpour Motlagh, 1954-），伊朗诗人，著名神话学家，出生于伊朗里海海滨小镇，现为德黑兰沙希德·贝赫什提大学（Shahid Beheshti University）伊朗古典文化语言教授，2004-2006年度上海外国语大学访问学者、2013-2015年度莫斯科市政大学访问学者；出版有学术著作《摩尼教灵知和创世神话》《光的圣诗：伊朗中古诗歌》《神话：象征性表达》《波斯文学指南》和诗集《一沙一蝴蝶》《爬上樱桃树》《昼河外》《刹那间》等。近年来，他以学者和诗人的双重身份频繁出席伊朗、意大利、德国、奥地利、法国、捷克、波兰、亚美尼亚、中国、印度、俄国等文学研讨会和国际诗歌节。2019年秋冬在上海外国语大学短期讲授巴列维语（中古波斯语）。

译者简介

海岸，诗人，翻译家，复旦大学外文学院《英汉医学大词典》主编。著有《时光，像一座奔跑的坟墓——狄兰·托马斯诗歌翻译与批评》（2019）、诗集《海岸诗选》《海岸短诗选》（香港）《挽歌》（长诗，台湾）《蝴蝶·蜻蜓》（欧洲 Point Edition, 2019）《失落的技艺》（澳洲 Puncher & Wattmann, 2020），译有《狄兰·托马斯诗选》（外研社双语版）《不要温顺地走进那个良宵——狄兰·托马斯诗选》（人文社）《贝克特全集：诗集》（合译）《前线——杰克·赫希曼诗选》（2019）《流水光阴——杰曼·卓根布鲁特诗选》（荷兰，2019），编有《中西诗歌翻译百年论集》《中国当代诗歌前浪》《归巢与启程：中澳当代诗选》（合编）等。曾应邀出席"第48届马其顿斯特鲁加国际诗歌之夜"（2009）、"第6届中国青海湖国际诗歌节暨青海国际诗人帐篷圆桌会议"（2019）等海内外诗歌节。

译诗与评论

魏野作品:"无题"之三

纪念

岩子（德国）

  每到入冬季节，就会不由而然想起三位我最为喜爱的诗人——狄金森、里尔克、策兰。他们都属于不同凡响、把诗的语言发挥到极致的诗坛巨星。最年轻的策兰，可谓是读着里尔克长大的，而且还翻译过狄金森。说来也巧，三人都是射手座。而狄金森，这位1830年12月10日出生于美国的传奇女诗人，生前默默无闻，给后世留下了一千八百首有关人生、自然、爱情、灵魂、永恒的咏叹和绝唱。愈是走近她，愈是感到她独一无二的伟大和迷人。

  正值"纽约一行"2023年12月刊出，这组诗歌/翻译/品读，是后代诗人和读者对狄金森的纪念。

"希望"是长着羽毛的东西

作者：艾米莉·狄金森 / 翻译：岩子

"希望"是长着羽毛的东西——
它栖居在灵魂深处——
吟咏着没有歌词的旋律——
且永远——永远不会罢息——

它尤为甜蜜——悦耳——于大风大浪——
那必许是席卷八荒的狂飙——
让保守温暖的小鸟
羞愧难当——

我听说过它在极寒之地——
在诡异无比的海上——
然而——从未——即使濒临绝境
它也没有向我讨要过——半颗口粮。

"Hope" is the thing with feathers

Emily Dickinson

" Hope" is the thing with feathers -
That perches in the soul -
And sings the tune without the words -
And never stops - at all -

And sweetest - in the Gale - is heard -
And sore must be the storm -
That could abash the little Bird
That kept so many warm -

I've heard it in the chillest land -
And on the strangest Sea -
Yet - never - in Extremity,
It asked a crumb - of me.

她将爱和生命密许给了诗

岩子（德国）

"伟大的艺术家在生活上都是不幸的。当艺术家打开他的袋子，袋子里始终是不能充饥的珍珠。"——黑塞

《暴风雨夜》是我的第一首狄金森，当时的我对诗人可谓所知无几，只因一开博就鬼使神差地网遇了一堆男性新浪译友在那里揣测女人之心，怎么看都觉得不尽其然，于是，就不知深浅地班门弄斧起来。紧接着，又有了《灵魂选择自己的伴侣》和《我的小河向你奔去》两首，均在任何功课未做的前提下。熟悉狄金森的读者想必已有发现，在《暴风雨夜》和《灵魂》两首的译文中缺少堪称诗人标志性符号的破折号，盖因彼时所参照的英语原文不是彻头彻尾的狄金森原作。在最早出版的狄金森诗集中，她的破折号被编辑者一厢情愿地取消了。到了第三首，即《小河》时，含有破折号，直觉得不能舍去，没了它，就不是狄金森了。她的情绪，她的心思，她的气息，她的审美，她的语言浪花，以及她独一无二的品质。故而，一个不漏地全盘摆渡。接连翻译了三首狄金森，由女性到女性，又是抒写爱情的，有一种说不出的喜欢和被打动。三首同是激情四射，热烈而奔放，却又交织着主动、殷恳、孤高之不同。《暴风雨夜》爱得可谓汹涌澎湃和狂野，"我"恨不得今夜就投入"你"的怀抱，伊甸园里偷吃禁果的亚当和夏娃似地，"踏浪逐波"，共度良宵。《小河》一首亦然，很抒情，很浪漫，很求之若渴，较之于《暴风雨夜》但多了几分小女人的温柔，还有几分不可拒绝的坚持："收下我吧！"我是你的小河，你是我的大海。现在，

我来了，不知你欢迎我么？像我一样爱你么？请你不要拒绝我！收下我！让你我合二为一，相亲相知，永远在一起吧！

此处的"你"，可能是真实存在的恋人，可能是纯精神的蓝颜或红颜知己，也可能是至高无上的"神"，甚或是诗人自己。然而，可以肯定的是，这个"你"，非高贵而有趣的灵魂不可，因为"她"的芳心，宁为玉碎，不为瓦全，非土豪或权贵之流所能买通或征服。《灵魂选择自己的伴侣》，与其说是一首诗，不如说是一首宣言，斩钉截铁，凌厉而高冷，颇有女为悦己者容，亦为知己者死之豪气和风骨。

不无遗憾的是，狄金森未能实现诗中所热切希冀的那份属于自己的理想的爱情，因为已知和未知的缘由。令人扑朔迷离的是，自三十岁起就几近幽闭的修女式存在，非但没有让她心如枯槁，灵感乏匮，相反，却以惊人的创造力给后世留下了大约一千八百首不同凡响，涉及人生、自然、爱情、灵魂、死亡、宗教、历史、艺术以及科学、技术、包括经济、金融诸多领域，可谓包罗万象的咏叹。是什么教她如此笔耕不辍，思如泉涌，洞若观火，秀才不出门，全知天下事呢？

从《一回回，树林红了》我们不难看出狄金森过人的才气和智识。在这首小诗里，她借助于山林的变化，信手拈来了一个季节之更替是由地球自转轴的倾斜所造成的天文知识，和一个古老的，宗教的，神妙的数字"十二"。教你不由而然地联想到黄道十二宫，昼与夜的时数，还有圣经启示录里人神共居，长宽高相等的新耶路撒冷。那里有十二门洞、十二根基、十二个使徒、十二样宝石、十二颗珍珠，以及长度为十二乘十二，共一百四十四肘长的城墙，等等等等，不一而足。

狄金森横溢的才华说来也不足为怪。显赫的出身，与同时代女性相比，得天独厚的学校教育：拉丁语，希腊语，德语，英语，哲学，历史，包括自然科目等等，堪称文理兼备。加之祖父和父亲的声名和地位，及其嫂子苏珊，也是她自少女时代的挚友，在长青别墅的文学沙龙，狄金森的周遭通常是高朋满座，书香四溢。在《我栖身于无限中》和《没有任何战舰比得上书籍》两首诗中均可略见一斑，她所处的环境是怎样的雅逸优渥，与书籍有着怎样的亲密关系。

狄金森是出了名的嗜书好读。书，在的她心目中是"领引我们去远方""承载着人类灵魂的双轮马车"。尽管后半生的她束足书斋,过着与世隔绝的日子,据说连邻居的嫂子苏珊,也是以书信沟通来往。而也正是这种方式,使得狄金森保持着与外界的联系。狄金森几乎每天都在写信。她大约有九十多位信友,其中不乏知名作家,文人,报馆老板,还有要好的律师,编辑,法官,牧师,包括亲友等等。至此,接下来的谜团似乎可释解了:一个长期处于隐居状态的独身女子,情感何以那般的充沛丰富,想象力何以那般的天高地阔,创作力何以那般的下笔有来处,凡物皆成诗呢?

狄金森出生在一个保守而传统的清教徒家庭,但她本人至死也没有皈依基督教,后来甚至连教堂都不去了。在少女时代就被学校定性为"怀疑分子"的她,对上帝的态度自始至终若即若离,复杂错综。她一边圣经在手,一边苦苦思索和寻找着信仰的真谛,以自己的方式。久而久之,形成了自己独特且有见地的世界观——一面是潜移默化的宗教意识和精神,一面是哲人的困惑、叩问和思辨,以及别树一帜的人格和诗风。这在她大量相关主题的诗作里,可谓处处不无折射和反映,比如《有一束斜阳》:管风琴呜咽,一束凝重的寒光破窗而入,经历过无数次生离死别,痛失至亲至友的诗人已是内伤累累。然而,这些个沉重的磨难,不仅于外表毫厘斑痕不见,且"无人可以讲授",更是无力抵御和逃脱,只因它来自于上苍!尤为教人绝望的是,给你以生命和存在的,与遣派死神将你召回天堂或送往地狱的,竟然是同一个祂!呜呼哀哉!

狄金森在有生之年写下了数目可观的传世之作,并将它们用针线装订成册,却没有出书或出名,(除了小小不言被"偷偷"发表的十首之外)。事实上,她并非没有出版的机会。一回,至少。可面对出版人投来的橄榄枝,她却以一首《快乐不已的小石头》不置可否地给搪塞了。《小石头》所传递的大意是:我即是那快乐的小石头,独个儿行着自己的路,对出人头地的事情不感兴趣。一来二去,结果不了了之。在《我不想画画儿》一首里,诗人亦曾表露过类似的心迹:"我也不想成为一名诗人——","而情愿——拥有耳朵——/痴迷——无能——满足——/景仰的资格——/一份非常的特许"。在另一个场合她也说过,"出版——无异于——拍卖"。显而易见,狄金森对"诗人"此一头衔或虚名兴趣索然，让她更为在意和看重的，理应是内在的，本质的，深刻至灵魂的，对文学和艺术充满敬畏的，满满痛感的诗意人生本身。她要的是"甜蜜不已的折磨——/华丽无比的——绝境——"；她要的是"指头是怎样地感受/那神奇——美妙的——搅动——/"；她要的是无人可企及的高度，天马行空式的自由自在，像一只气球，"冉冉飘上屋顶——/出走，放逐——/穿越穹苍之村——"；她要的是Nobody式的离群索居，在那"房间间间犹香柏"，"胜似散文的美宅"里，伸出自己的小手"采撷天堂"！——"采撷天堂"，怎一个"无限""美妙"和"快乐"了得！而诗人之标签，寻常人功名利禄之诱惑，怎能满足得了一个超验的，觉醒的，批判的，有科学意识和主见的，远远走在时代前面的女子？更遑论沦为清规戒律和男权社会的牺牲品？

不想成为诗人的狄金森，却成为了一名伟大的诗人，没有结婚的女人却俨然一位深谙爱情之道的专家。"若想取悦一名男子/其酒窖里藏着/一条大河莱茵——最好不过/是你的气息——"（《快活，由里向外》），狄金森说得多好啊，与中文版的"梧高凤必至，花香蝶自来"，"腹有诗书气自华"如出一辙！在《她因他而升迁》一诗中，狄金森又大笔一挥，将生活在"她应把男人当作主人来侍奉，她应畏惧男人，服从和臣属于男人"父权社会中传统女性之境遇勾勒得个入木三分。一个出嫁的女子，看似攀了高枝，实则丢失了自我，青春，才华，快乐，梦想，尊重。一味的妻子、母亲和生儿育女，年复一年低眉顺眼，没有"波幅"，平静得如同一潭死水的附属品生活，使她们"金子"似地被消费被消磨，"珍珠"似地被滋养在大海深处的海螺或扇贝里，而无人关乎和体量她们的存在，她们存在的真正价值。

不晓得狄金森是否有受到十九世纪四十年代在美国掀起的女权主义运动的影响，1848年在纽约州色内加瀑布市召开的第一次女权大会，想必她有所耳闻，看到过相关报道或时评的吧。狄金森家中订有十五种报刊，而她又是一个如饥似渴的读者。莎士比亚，狄更斯，艾略特，勃朗特、屠格涅夫，华兹华斯，爱默生，布朗宁，贝蒂娜·封·阿尼姆，包括达尔文的进化论，以及各种新科技，新发明，新思想，新动向，皆在她关注和探讨的兴趣内。在狄金森所处的那个年代，无论从西到东，还是从东到西，绝大多数女性都不能按照自己的意志生活，她们不是戴着"三纲五常"的镣铐，就是"男尊女卑"的桎梏，苟且在父权的和教会的封建礼教之下。像乔治·桑和斯塔尔夫人那样凤毛麟角的女性，在世俗的眼中，且是放浪轻狂，伤风败俗。狄金森的父亲便是一位如此脑筋的家长。当他得知狄金森在当地报纸匿名发表情诗，与她哥哥奥斯汀的同学秘密订婚的"丑闻"，怒不可遏。除了嫌乎该男子是一介一文不明的穷小子外，就是反对女儿舞文弄墨——写诗。丢人现眼，有失妇道人家的体面。对狄金森来说，这无疑是一次严重的教训和打击。但她只有默默地承受，将自己深锁于闺房，就此开始了秘密的自我放逐。

直到狄金森去世不久的某一天，妹妹拉维妮娅在一女儿箱里发现了大约四十本笔记和若干书信，后者鉴于不易公开的私密内容，被拉维妮娅一把火烧掉了，所幸的是，狄金森的诗稿被她保留了下来，一位巨星级诗人由此登上了世界诗坛。

纵观狄金森的一生，她个属于人类的大多数，更不属于女性的大多数。越是走近她，越是觉得她够勇敢，够另类，够高级，够伟大，够迷人。不晓得这位纤弱腼腆，辗转于狭窄空间，永远都是一袭白衣的她，可否有预见，自己死后将会声名鹊起，惊天动地？即使在百年、数百年后，依然，高高地闪耀在诗天空上，皎洁如月，璀璨如花？"我要跃过坟塚，开放/为你，列列行行！/来呵，采撷我吧——/银莲花——/你的花——永远永远！"我想，她必许看见了这一天。

暴风雨夜

暴风雨夜！暴风雨夜！
倘若你与我结伴，
今宵必将
奢侈无边！

风，怎能吹进
心的港湾！
去罢，指南针！
去罢，海图！

伊甸园里踏浪逐波！
啊，大海！
愿我今夜舟泊——
你的心怀！

灵魂，选择自己的伴侣

灵魂，一旦选定自己的伴侣
心门，不再开启；
她神圣的抉择
坚不可破。

不为之所动，即便玉辇停在
低陋的门前；

不为之所动,纵使皇尊跪在
脚下的门垫。

我知道,她选择了一个
自众生芸芸的王国;
锁定了关注的阀门,从此
心若磐石。

我的小河向你奔去

我的小河向你奔去——
蓝色的大海!欢迎我么?

等着你的答复呢——
瞧呵——仁慈的大海——

我将带去溪流万千
自光影斑驳的山涧——

请你——大海——收下我吧!

一回回,树林红了

一回回,树林红了——
一回回,树林枯了。
一回回,后山脱去了衣裳

在我出生的故乡——
个个头顶着花冠
我素常瞧见的模样——
还有一道道裂隙
原封不动于老地方——
而地球——人们告诉我
绕着它的轴心转！
多么奇妙的旋转——
非十二而不可！

有一束斜阳

有一束斜阳
午后冬寒——
压抑，犹同那教堂
沉重的咏叹——
上苍，予以我们创伤——
不见毫厘痕斑
内里却殊悬
心思的地方——
无人可讲授——无人——
此一铅封的绝望——
无上的磨难
降自于穹苍——
来时，青山听之——
阴影——屏息——
去时，仿佛那距离
将死亡凝睇——

我栖身于无限中

我栖身于无限中——
一座胜似散文的美宅——
数不尽的窗扉——
高大的——门楣——

香阁间间犹松柏——
望眼不穿——
永恒之顶
扶壁向霄汉——

有客来时——最雅逸不过的——
消遣——即——
张开我的——小手——
采撷天堂——

没有任何舰船比得上书籍

没有任何舰船比得上书籍
领引我们去远方
没有任何骏马比得上纸笺
满满腾跃的诗行——
这恐怕是最穷困者亦可
搭乘得起——无须缴付关税——
便宜无比——承载着人类
灵魂的双轮马车——

我不想画——画——

我不想画——画——
而情愿成为一幅——
明靓的不可能
沉——醉——其中——
我想知道指头是怎样地感受
那神奇——美妙的——搅动——
怎样地激起那甜蜜不已的折磨——
华丽无比的——绝境——

我不想作声,短号似的——
而情愿成为一只
冉冉飘上屋顶——
出走,放逐——
穿越以太的村庄——
亦即我本人的气球
只消一片金属唇——
充当我兰舟的码头——

我也不想做诗人——
而情愿——只要耳朵——
痴迷——无能——满足——
景仰的资格——
一份非常的特许
若此嫁妆是也
我会吓晕了自己
依着旋律的霹雳!

(原载《女也》2021年6月号)

只要它在

朱良（上海）

都说狄金森的诗风"意向清新"，同样是作家笔下的"希望"，她楞是让它长出"羽毛"来！视"希望"为"活物"，喻示它"飞动"的意向——你说"新"还是"不新"？

只因"它栖居在灵魂深处"——虽然"它吟咏着没有歌词的旋律"，且"永远不会罢息"，而当人们走投无路，"望眼欲穿"的时候，"希望"又在哪里？

到底还是缘于女诗人的悲悯情怀与匠心独运，这才有了"希望是长着羽毛的东西"，以便从"栖居"的"灵魂深处"解放出来，但为"绝渡逢舟"，不惜激越飞扬……

毕竟——假设没了"希望"，失聪之后的贝多芬便不会有"命运"与"田园"的人间交响；假设没了"希望"，被判死刑的陀思妥耶夫斯基便不会有"罪与罚"等经典著述问世；假设没了"希望"，"十年浩劫"未必得以"拨乱反正"；假设没了"希望"，"三年疫情"便只剩下"我们就是最后一代"的彻骨寒凉……

上述种种人生之境遇，算不算是"大风大浪"？算不算是"席卷八荒"呢？

而"希望"更像是一个霓裳羽衣的女子，所到之处，寄人遐想；憧憬幻象，顾盼生辉。最是它"狂飙"中的"旋律"，尤为"甜蜜——悦耳"——直"让保守温暖的小鸟，羞愧难当"……

然而"它"并非一路顺风顺水养尊处优，也曾穷山恶水"濒临绝境",但无论是"极寒之地",还是"诡异无比的海上",却从未"向我讨要过——半颗口粮"……

"希望"的"高洁"也许正在于此——只伴随你的"困境",如影随形。而在你华灯照宴、胜友如云的享乐里,何曾见过"它"的身影,跻身繁华、"分我杯羹"?

它是夜行者眼里的灯火;是沙漠旅者心中的绿洲,哪里有功夫去光顾"锦上添花"的盛宴?

事实上,也只有它在,人们才在生无所望的境遇中,"续命"以"多舛";"升华"以"人生"……

可敬而可爱的女诗人——用心何其良苦!

灵魂之歌

赵佼（上海）

宗白华说过"宇宙秩序严整、圆满和谐，孕育着无尽的生命、丰富的动力。人们生活在宁静和雅的天地中，心里却汹涌着情感的风浪、意欲的波涛。"诗是用空间中闲静的形式、文字的排列表现时间中变动的情思，诗人需要有对宇宙人生入乎其内，出乎其外的把控力。入乎其内故能写之，出乎其外，故能观之；入乎其内，故有生气，出乎其外，故有高致。狄金森长期幽居独处，与世隔绝，因而可以做到"空"。摇曳在云端的爱，深沉的静照，是活力飞动的源泉。狄金森心里住着一个宇宙，那是"爱"的花园，笔端的诗是狄金森给"爱"亲手缝制的衣裳。穿着美丽的衣裳，"爱"穿梭在诗行间：也许是珍贵的"Hope"，长着羽毛"栖居在灵魂深处"，"吟咏着没有歌词的旋律"；也许是"席卷八荒的狂飙"，"甜蜜、悦耳"；也许是"诡异无比的海上——"漂落的羽毛；是杜甫眼中的"精微穿溟涬，飞动摧霹雳"，是荷尔德林"无边的深里最生动的生"……

"长着羽毛""栖居在灵魂深处"，犹如花魂，包裹在层层花瓣里，世人从没机会看清楚她的模样，她却只顾悠然自得，"吟咏着没有歌词的旋律"，"永远不会罢息"，如若与天地共生；若非毫无来由的风暴，也许永远听不到她的"甜蜜悦耳"；"那必许是席卷八荒的狂飙"，让小鸟"羞愧难当"，难道是希腊神话中阿波罗和达芙妮有情无缘的追逐？"那必许"三个字让人由眼前的风暴陷入遥远的沉思，诗中反复出现的破折号"——"在译者考究的措辞中得到了意味深长的回应；"羞愧难当"、想要"保守温暖的小鸟"又将思绪缓慢推回眼前，情绪随短短的诗行跨越了几个世纪的跌宕变迁;"空纳万境",放下所有,只需跟着诗行漫步,画面再次切换至远方,远到只能想象,"在极寒之地我有过听说——/在诡异无比的海上——",情绪逐渐平息,却仍有波涛的余味,"海上"之后的"——"上,莫非漂落着"伊卡洛斯"绝望的羽毛?诗语在说与不说间静静流淌,诗中的气息却瞬息万变,随着一句"即使濒临绝境/它也没有向我讨要过——半颗口粮"又转瞬回到了现实。镜头亦由灵魂深处转入沉思静观,停笔处瞬间凝结,冷静回归现实,余味回荡在寂静的夜里,星火点点,久久不灭。"希望"是那样微渺,"长着羽毛","栖居在灵魂深处",然风雨欲来,宇宙为之动容;风停雨歇,一切秩序井然。诗当以宇宙为范,如"新性灵"之"一跃而起,轻轻落下"。

翻译狄金森的诗并不轻松。从标题开始,译者(读者)就会遇到一系列"谜团":如"Hope"一词的引号,"sweetest"之最高级形式,"sore"该取哪一项词义,小鸟为何会"abash"等等。此外,狄金森诗歌中一个特殊的符号,随处可见的破折号"——",又当如何处理?诗行间欲言又止的典故又该怎样去摆渡?简单的注释,势必会让流露在说与不说间的诗意荡然无存,任何一处细节都是对译者的考验。龚刚先生提出翻译"妙合"论,曰"心中意,眼中句,刹那相激,妙合无垠,是译艺至境",译者,(首先是读者),心中若无爱意,没有对狄金森深深的"懂",那么译诗也只能徘徊在宇宙花园之外,终究与狄金森"爱"的诗行、璀璨的星空失之交臂。

散文随笔

施海兵作品:"无题"之三

蝶 变

黑丰（纽约）

归零。一切皆空。这是一种感觉。完成一部（首）作品之后或开始一部（首）作品之前，都有类似这样的一种感觉。仿佛从未写作。心如处子。什么叫归零？归零，就是回到原处，回到低地，回到泪点，回到底部。一切写作，都必须回到这里。写诗，更应这样，必须回到低地、回到泪点、回到大海的底部。

重新结丹，制作一粒药丸，给自己吃。重新吐丝，结网，布阵，耕耘，收获。

回到泪点，但不是回到晦暗的盐碱地，不是回到孤绝的沙漠；回到泪点，即回到苦众之中、回到自己的黑暗里、回到一只知更鸟的午夜，去抢救一个"词"（或词根），去抢救因大雪压境濒临灭绝的梦虫和弱民的呜咽，而不是去拯救一个玩能指的"句子"，不是去拯救一篇雄文，或一个意识形态化的"共通体"。不能让一个"词"（或词根）咯血和昏厥，不能让它们没有尊严，不能让它们冷、再冷，更不能让其沦陷和消亡于泛滥成灾的语法、指令、词牌和堆砌的辞藻中。词语正在加速堕落、异化和沙化，"词语一再碰撞冰凉的石境"[1]。词语的尖叫就是全部。

词是什么？词是诗的"个别"细节，词中隐匿着我们祖先的眼睛。一首诗从构思一个词、从构思一种"个别的事物"（海德格尔）开始。构思，但必须体现一种词的蝶变。词，从本质上看，它既自转，又公转；既所指，又能指；既遮蔽，又敞亮。一首诗不是高高在上的、鼻孔朝天的。

它是低俯的,诗在低地、低处;在词的根部。有时,低处,就是高处;一切的底部,也就是一切的峰顶。而一首诗必须是从底部涌至峰顶、从泪点涌至恩典的。循环往复。恩典是"全部泪水都升上天空"[2]的前提,同时,恩典也是泪点不被沙漠化、不被盐碱化的可靠保证。因为父在泪中,泪在恩典中。不然,泪水就成了人的受难的永夜、人的永远的渊薮,泪中就永远只有血腥和苦难。

在一个词中,见证真理和我们的父。

而每一首诗,又必须是一个又一个的"蝶变"过程。从唐诗到宋词到元曲到现代诗,一次次"蝶变"。归零,是"蝶变"的前提。蝴蝶必须回到"一棵树",回到它的内心、回到它的根部。暗能量在这里涌动。到时说有蛹,就有了蛹。蛹化蝶。"蝶"是从潮湿的泥土、从根部、从树心飞出来的。它的光艳耀眼、摄魂夺目,它的变化无穷。它飞得像没有一只蝶在飞,飞得像一个梦幻在飞,飞得像一个天使在飞,飞得像一个圣灵在飞,飞得像你的父在飞;这是一只忧郁而惆怅的蝴蝶,这是一只升空的蝴蝶,这是一只超拔于平仄和语法指令的蝴蝶,这是一只读过《圣经》的蝴蝶,这是一只饮鸩止渴的蝴蝶,这是一只穿越《离骚》和踢踏了乌龟戾气的蝴蝶……

它的一翼向内、一翼向外,它有点玄幻,而它的身体却是处于"中道"部位的。它飞得扑朔迷离。它将飞往哪里?东土西土。未知。

这就是诗。好的诗有很大的区域是未知的、晦暗不明的。

一个诗人必须抽丝,结茧,成蛹,化"蝶"。"蝴蝶"是最后的美丽,但不是全部;"蝴蝶是这个下午的一半/另一半,我想起了落叶叫喊"[3]。"落叶叫喊"是"蝶变"的全部根据。西班牙诗人安东尼奥•马查多认为"诗歌是忧郁的载体"。但仅限于"忧郁"是不够的,诗的一翼可能是忧郁的、是"落叶叫喊",另一翼却是白日梦的,甚至直指"形而上"、直指"前语言"。"前语言"是什么?即那种我们永远无法言说的"言说"。

所有写作最终在于指向并言说一种不可言说,指向并言说天地万物之深奥。指向并无限切近这种感性背后最本质的存在。指向并非沉默论者维特根斯坦在《逻辑哲学论》中之所谓"对不可言说的必须沉默"。

"如果存在某种不可说但对人类意义深远的真实，那么，人们怎么能言说这种真实呢？不可说的怎样变得可以说？"这就是一个问题。这个问题由哲学家 H-奥特提出并在他那里解决，"在此重要的是不可说的必须作为不可说的说出。'不可说性'、神秘没有被消除。"——那么，如何使"不可说的"作为"不可说的"说出，又保持了它们的"不可说性"与"神秘"呢？（见拙作《一种地理的言说》）

这就是诗的"深度形式"要处理的。深度形式"震惊"，一直是我所追求的，也一直深深地折磨着我。因为我一直追求思想的深度。其实，形式与深度并非水火不容，不是分裂的，它们是一体的；还有形式与内容也不是分裂的，也是一体的。并且我确信：形式就是内容本身。一种具有思和启思的形式，是存在的。这种"深度形式"尽管不能一蹴而就，却能启智、引发无穷的"言说"。所以，它一直陷我于沉思之中，不敢有须臾的懈怠。

究竟如何才能创造或发现这种"深度形式"？

首先你的根须必须牢牢扎于一种"磐石之内"，这一"磐石"就是艺术的源头，"创作的起源比创作的结果来得更重要，而演变又远优于存在"（歌德），这实际上是向后看，写作总是向后的，向后就是在始祖鸟化石的原欲中谛听父的中音；其次是向内，向内就是朝向生命的黑暗内部，回到自身的"牢笼"，一旦我们的写作"归零"，就必须回到这里，在这里成"蛹"。我相信"蛹"的能产和暗物质的不可穷尽。"深度形式"必然从内部诞生，"来自事物最内在的叫喊和欲望"。[4]

我们的诗，不是修辞不够，我感觉修辞似乎表现过剩，动不动就堆砌，倒是深度非常欠缺。必须深，一深，再深……因为大雪还在加强，寒意还在加深……所以一首诗必须高度精警和最大限度地体现生命内部的"雪崩"（或生命事件），体现一种冰的火。一个诗人绝对不能任其大雪封"山"，任其笔管里充斥冰碴，绝不能把你的冷毫不负责地加诸比你更冷的人们。你的笔管应该接通你的地火，把你炽烈的熔浆和你的最大的悲悯推进"橡皮管",推进你的创造性的笔尖。每一首诗都必须是最后的诗。每一次飞行都必须是极地或地狱的飞行。每一次写作都必须把自己耗尽。为啥"每一个克利都是不同的克利"(杜尚),为啥克利的画作随处都是"伸手可及的'音乐'。它们动人心魄,却无从倾听……不可预期"(刘云卿),这里自有不为人知的成因。

诗歌的质量除了"深度"以外,其次它"是由速度和果断性决定的。"(希尼);而诗人的质量,在于他的根须扎根恩典和黑暗地底的程度,在于他粉碎这个世界、放射自我生命的力度、速度和简洁度。诗歌是超音速的,也是超时代的。它的回音也许很远,远到我们无法估量。一个诗人从某种意义上说就是先知,就是时代的预言家。我们的汉语是很具有能产性的,它很古老很悠久,它的黏土层很潮湿很神奇,可以"唤醒一种根源性的想象",用它来创造一种"超音速"的、世界一流的诗歌,或诞生一批划时代的具有国际影响力的思想先知是完全可以的。

引文注释:

[1]黑丰随笔《一种文学的政治写作》,2013年《大家》第4期,文学随笔《寻索一种新的地粮》。

[2]E.M.齐奥朗著《眼泪与圣徒》第3页。沙湄译,商务印书馆,2014年1月第1版。

[3]汪治华、张建新主编《望江9人诗选》第9页,沈天鸿《蝴蝶》,香港中国理想出版社,2014年1月第1版。

[4]黑丰艺术随笔《一个逐渐逼近天造的我的永梦》,2013年《中西诗歌》(黄礼孩主编)第4期。

读王维

拔牙（加州）

自大散以往深林密竹蹬道盘曲四五十里至黄牛岭见黄花川

危径几万转，数里将三休。
回环见徒侣，隐映隔林丘。
飒飒松上雨，潺潺石中流。
静言深溪里，长啸高山头。
望见南山阳，白日霭悠悠。
青皋丽已净，绿树郁如浮。
曾是厌蒙密，旷然消人忧。

一下子就让人想到京都岚山和鸭川的样子。从岚山的竹林曲折向上，从天龙寺穿过，一路向上，回环往复，飒飒青松，潺潺水流，游人掩映，再加上天龙寺的亭台楼阁，出天龙寺之后可以到山头眺望山下的鸭川，宛转青绿。路途虽然不长，这蜿蜒宛转的情态，和王维诗里的情景极似。不过，我最感兴趣的还是这个标题，从大散往深林密竹处走，蹬道盘曲，曲曲弯弯地依着山林之势。既然有路，那么应该还是有不少人走的，从大散到黄牛岭大概四五十里，算是徒步的话差不多十五英里了。要看到黄花川，眺望河流的样子，估计是要爬山的。十五英里爬下来，按照"数里将三休"的做法，这一趟少说也需要三四个小时，来回一趟，估计也是日出日落的一天了。

人在面对风景的当下和回味风景或者经历之后，感触和视角肯定是不一样的。像《望庐山瀑布》，写当下，算是瞬间爆发，激情不可挡；像黄花川这种，过后回味的，自然要清淡绵长很多。而且，王维这样喜欢面对山川大海的人，总是多一些"望峰息心，窥谷忘返"的劲儿，这种时候虽说少了一点儿世俗烟火气，但是也清净舒坦，多些面对自己的机会和勇气，所以我总觉得王维是磁石，有一种吸引人心的力量，还带着些许烟火气，又带着些神秘感。

突然想起昨天跑群群主写的桂花香，人称"幽香"，就像朱自清说的"仿佛远处高楼上渺茫的钟声，又像笼着轻纱的梦"。她那一段写得特别传神：

……桂花的香，有点儿神秘莫测。弥漫在空气里，丝丝缕缕，似有若无。甜甜淡淡的，却力透骨髓。每次都是在不经意路过时，被那如影随形的幽香刹那间蛊惑，勾了魂魄，沉迷忘返。

桂花飘香的季节，总算是有点儿秋天的气息了。闭上眼，又仿佛回到了小时候，北京的秋天，故乡的空气。

所以根据她的这一段，我略涂改一下，记录如下：

拟古 咏桂花

丹桂为谁来，历历散清晓。
仙姿出雾雨，奋首欲争娇。
气胜燃烟长，色带苔米小。
枝繁藏啼猿，叶润迎归鸟。
佳处难遍述，一眼如故交。
忆乡何处望，香满赋离骚。

2023.10.24

秋日两寺游

山橘（四川）

上午往昭觉寺。天温倦而阴沉。昭觉寺在成都城北。汉时为眉州司马董常旧宅，唐时改为寺院，唐宣宗时赐「昭觉」，寺由此得名。唐末遭兵毁，宋时重建，宋高僧圆悟克勤曾两度于此住持，后圆寂于此。明又遭张献忠兵毁，清时又重建，文革间遭毁坏，后又重建。

逢改朝换代之际，寺院难逃劫运，不知物何罪之有。

犹记数年前初至寺院。其时正逢冬日，山寒水冷，树木萧疏，荒寂少人。然寺内有大雄宝殿、圆觉殿、天王殿、金刚殿、说法堂、藏经楼、八角亭等殿宇，寺外兼放生池，一派雍雍穆穆。

今逢法会，多处闭馆。少有游客来，多有僧人进出。见一僧人，目光炯炯，玉树临风，送一行众人至大门前，颔首笑语道别。盖月余不得入内，遂前往文殊院。

文殊院隋大业年间始建，后多遭焚毁，运命类昭觉寺，康熙年间重修，亦多有高僧于此修行。

四年前来寺，正冬日日暮时分，僧众诵经声抑扬起伏，梵音天籁，人几欲入定，烦忧顿消。

又见僧众或立或行，神色端凝自若，目不斜视。闻诵经妙音，浑然不觉天色渐暗，暗中见僧众远去乃去。倏忽四年已过。其时情境仍历历。

今乃再往。从后门入，秋阳融融，众人熙熙，或笑或言，有观望塑像者，有揣摩楹联者，亦有手持香烛者，焚香置之香炉，再殿前跪拜,院内烟雾缭绕,如置身妙境。寺后院有一新建殿宇。共四层。一楼为讲经堂,二楼为藏书阁,对外开放,然今逢闭馆,惜无缘一睹馆内典藏,得知可另择他日至。复往前,有高塔,为高僧圆寂处,内有佛骨舍利,塔高娥娥,几耸入云霄,众人绕塔转,时伴诵经声,亦求佛祖保佑平安顺遂意。塔旁一处灯盏烁烁,灿若繁星,可请灯置于此处,亦为祈福意。又邻碑廊,碑石集众多书法名家碑帖,篆书隶书楷行草书刊刻,或遒劲或飘逸,观之令人心静神宁。院外有竹林,疏竹有致,苍翠劲直,寺院红墙为绿竹掩映,若隐似现,颇多韵致。红墙外一处放生池,池内石壁处,有数十只鳖卧于其上,安然不动。有鸽飞落,与鳖共处一石,相安怡然。

　　四年前至,寺内尚有南京刻经处刊刻经书出售,今番再来,踪迹全无,怅然久之。

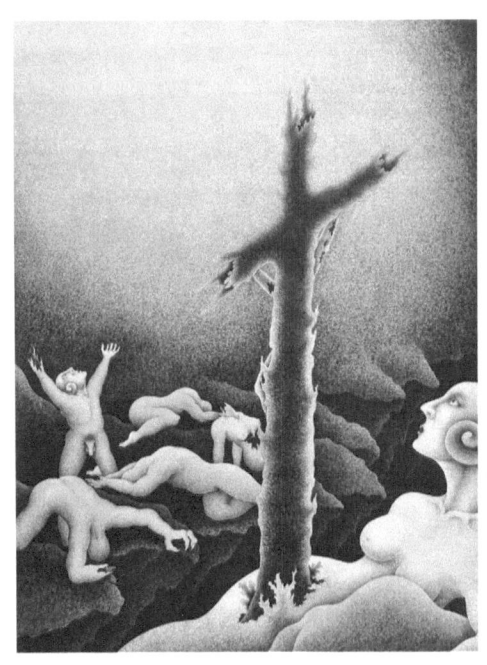

李云枫作品:"殉难日"

一生一次的心灵之旅

刘辉（纽约）

那天晚上，在读书会关于西班牙、葡萄牙旅游的网络畅谈上，戴舫教授问了一个很有意思的问题："你们走在朝圣之路上有些什么感想？"

走向圣地亚哥（Camino de Santiago），是在一种什么样的魔力、什么样的风景下，让我们和众多的朝圣者，在长达十个世纪的漫长岁月后，仍前赴后继地奔走其上？但丁说："哪怕只是看一看圣地亚哥的房屋就已经是朝圣了。"歌德也曾说过："欧洲诞生于通往圣地亚哥的朝圣路上。"当我们走进圣地亚哥的前一晚，住宿于一处三百多年历史的加利西亚老贵族庄园旅馆时，在丰富的家庭晚餐中，热情好客的女主人是这样"纠正"我朋友询问的："你们每天要接待多少游客？""不，他们是 Pilgrims（朝圣者）。"

我对圣地亚哥朝圣之路已经向往了二十年了，这源之于我曾三次行游西班牙，那块像不是欧洲的神秘地方，漫长而复杂的毫不在乎，充满着骑士和修士的味道，总是吸引着我去关注他。如果只是漫游在那些著名的地方，那不算真正来过西班牙。我不曾生活于中世纪，也不是信徒，但圣地亚哥大教堂圣雅各布的故事，还有照片上教堂入口处的大理石柱子上那深深的指印，是将要"包含我在内"的，千千万万双手共同创作出的一道激情的抓痕，在召唤着我，这是我想感受到的前人，在跋涉一年多，才能抵达终点随之而来的感受！这念头千年来曾驱使国王、乡民、修士把自己的手放在同一个位置，集体在大理石上印下了一只手的凹陷。如果我把我的手也放上去？！在这个鸡犬不宁、硝烟弥漫的世界，我更向往走在一条来自全球各地的人们共行的道路上，大家背着沉重的行李，手持木棍，相互扶持，翻山越岭，只要用共同的语言"burn Camino"（圣途愉快）就能成为朋友。

　　信仰需要执着和意志去追求，梦想也需要热情和毅力去实现。朝圣之路有三条（英国，法国，葡萄牙），条条都需要走 40 天以上。不管你选择了哪条，买一本"朝圣护照"（la Credencial del Peregrino）是必不可少的。有了这本护照，就能在每经过一个教堂、城镇、修道院、住宿点时，盖一枚官方认证的印戳。印戳攒够了，就能在终点圣地亚哥换取一张"终极毕业证"——朝圣证书（Compostela）。这张拉丁文的证书意味着你已经成功完成了朝圣之路。而拿到它的最低要求是：徒步 100 公里以上或骑车骑马 200 公里以上，并在圣地亚哥的大教堂里朝拜一回。今年 70 岁的我，是完成这个愿望的时候了。无奈自己的实际状况，选择了离圣地亚哥只有 110 公里出头的小城萨里亚（Sarria）为起点，从这个最受追捧的起点去圣城，是能取到证书的最轻松路线。下图有我正反面敲满印戳的朝圣护照和证书。

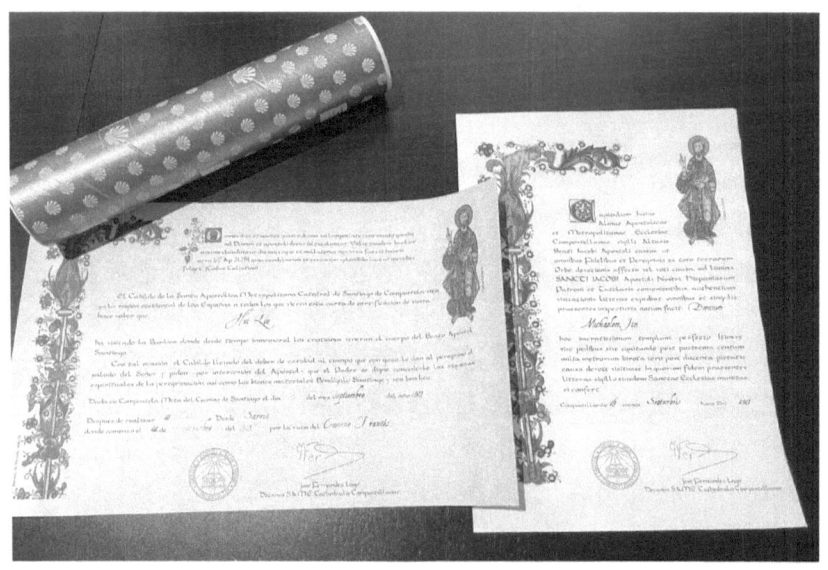

五天徒步 110 公里的捷径并不轻松，每天上坡下坡在平均高度 200 至 400 米之间。我的两个朋友走的腿软，不知不觉地摔在地上，引来周围好几个朝圣者上来，一起把她们搀扶起来。但是，在日晒雨淋下，在牛粪青草味中，空气和土地包含了朝圣之路上几乎所有的元素：古老的罗曼式教堂、修道院，简朴的朝圣客栈，废弃的村落和仓库，荒芜的野外风云，坎坷的道路旁石块垒起的护道墙，修女和村民在小广场中跳着加利西亚舞蹈，中世纪的世外桃源是一望无际的绿洲，牛羊马群连着天上的白云，乡间小教堂下是一片墓地，躺着去世的村民和死去的朝圣者，一个大石头垒起的像要塞样的封闭之所，披着青苔，寂静荒凉的震撼灵魂……。执拗的城镇散落在广袤空旷的土地上。只了解西班牙大陆的人，没有在她迷宫般复杂历史中徘徊过的人，不知他们在怎样的一个国度旅行。……千年的古道上，最常见的还是那些每隔几百米就会出现一个的贝壳图案，这是各条知名或不知名的朝圣路线上，先来的人们立起的路标，讲究点的竖块石碑或木牌，多数就干脆在墙上或地上画个黄色箭头，带着醒目的贝壳标记，让所有的人、哪怕是路痴，都能步伐坚定地走向圣地亚哥。扇贝不但象征着渔夫出身的圣雅各布布；贝壳上分散的凹槽最后归于一点的形状，也隐喻着无论来自何方、最终都将汇聚在圣城。好朋友庭柯早就为大

家做好了贝壳,我们把它挂在包上,一路边走边看边想,脚步声和手杖落地声,代替着不存在的古代之声,远处的虫鸣,近处鸟儿缓缓飞过的扑翅声夹在高高的白杨树中,许多往事重现,又随之放下了。

联合国教科文组织世界遗产名下的朝圣之路,是一条成熟的徒步之路,几乎每走一个小时,就会出现客栈,咖啡店,休息点,医疗站。我们选择了中等偏上的徒步服务公司,包早餐和晚餐,"bed and breakfast"级别的家庭式旅馆,服务及其周到。早晨我们把行李箱送到餐厅,午后就被转运到了下一个旅馆。如果旅馆距离朝圣之路比较远些,他们会定点定时派车来路边接送。第一天,就在我们不知情寻找旅馆的时候,一辆中巴在公路上"拦截"了我们。因不会西班牙语,至今我们还还不清楚,他们怎么会知道我们走在哪里?最让我们开心的是,每天都能吃到可口的西班牙加利西亚私家美味,免费的医疗站就设在旅馆隔壁。

第五天,在接近圣地亚哥的时候,我们爬上了一座山顶,一个十字架孤独地耸立在那里,从各朝圣之路走来的"朝圣者",陆续聚拢在那里,相互拍照问好,在高处眺望,寻找着我们的目的地。突然间、慢慢地,彷佛掀开了面纱,我们瞧见了大教堂,他几乎隐藏在起伏的绿丘和一道透明的树后面,三座精巧纤细的高塔,是梦中的异像,不管我喜欢不喜欢,一股无以名状的感情涌上了心头。我忽然感觉让时间融化是西班牙的一项特殊职业,破旧的达利瘫软表在缓慢溶解,在其他任何地方,时间都不会像在这里那样自然地消失。世上有些地方,是具有魔力让人产生此种功效的。我相信周围那些与我不同的人,此刻以相同的头脑在思索着不同的问题,魔力让你参与他人的想法,你不认识的人,他生活在一个永远不属于你的世界。

圣地亚哥不大,却有着40所教堂,或许每座教堂都有事相求相告,钟声在石墙间此起彼伏。我们随着朝圣者的潮流,走在闪闪发亮,生气勃勃的花岗岩石板路上,离加利西亚的风笛声越来越近了,最后终于抵达圣雅各布大教堂前的广场,高高的大教堂威严挺拔,周围坚实的修道院,早已成了朝圣者的栖身之所。朝圣者们把包裹和手杖仍在一旁,不过一切地相拥雀跃狂欢,重要的是,每一个外地人都觉得别人成了"辨识知己"的人了。巴洛克风格的大教堂墙里墙里,站满了先知，他们默默地注视着看着他们的人群，在西班牙语喃喃的祷告中，我暗叹会动的人与不动的雕像共存，其实历史悠久不是教堂，而是教堂中看不见的东西。然而，距离圣地亚哥90公里的菲尼斯泰尔海岸（Cape Finisterre），才是世界的尽头。我们乘车而去，这个有着4000多年文明史，被狂风吹拂的西班牙角落，灯塔下的大西洋如野兽般在狂怒，古罗马人相信太阳每天都会从这儿沉入大海，因此建起了一座太阳神庙。随着朝圣之路的诞生，神庙早已无影无踪，取而代之的是灯塔旁的十字架，基座堆满了人们从路上带来的象征罪恶的石头，还有零公里的石碑，一只青铜制的徒步靴子坐落在岩石上，它俯瞰着浩瀚无垠的大海，告诉我们"路已至尽头"，好像又在呼唤着你，前方那始终看不见，不可能存在的东西。

　　此时的"上帝"已经成为一个抽象的感念，一个符号。行走在朝圣路上的朝圣者们怀揣着各自的算盘：为赎罪、为信仰、为还愿、为了能在路上碰到个如意伴侣？也有人因文化因素来到这里，有人因精神力量推动来到这里，有人因对探险和挑战的热爱来到这里，一个韩国姑娘独自翻越了比利牛斯山，纪念几年前带她一同行走朝圣之路的母亲，一个80岁的荷兰老人，分两段，二次从阿姆斯特丹走来……。这是一场精神和情感的旅行，沿着这条路，会找到自我！我们完全忘记了疲劳和辛苦，认识与不认识的人，美国的、欧洲的、南美的，太平洋岛屿的人，激动地相互交流着怎么一路走来——"整个世界都从四面八方朝我走来"，我们到了圣地亚哥！也许，只有真正的了解、尝试过一次朝圣之路，才能去理解它的意义所在吧。

2023年11月6日

夏加尔和马蒂斯在一座教堂

刘辉（纽约）

（一）

纽约的秋天，像打翻了的调色板，赫德逊河谷两岸，连绵起伏的山坡五彩缤纷。我们驱车赏叶，一路的欢笑和惊喜。一小时后听到了教堂的钟声，便停车走上了波坎蒂科（Pocantico）小山坡，那是我们此行的目的地——参观联合教堂（Union Church）。一座小型的乡村教堂，隐藏在断头谷上方的山上。这个无宗派的新教教会成立于1915年。现在的建筑建于1922年，教堂坐落在洛克菲洛庄园脚下，其钟楼在高大的松树和榆树中拔地而起。土地是由老约翰·D·洛克菲勒捐赠的。

教堂祭坛后上方的玫瑰玻璃窗是亨利·马蒂斯的作品。这所不起眼的石头简朴小教堂，原本为洛克菲勒家族所用，后来逐渐向周围居民开放。现在唯一可见的洛克菲勒家族的特权，是教堂里他们固定的座位。好友庭柯，王逸来过好几回了，为这座教堂谢写下了不少赞美的文字。感谢他们懂得我，特地开车带我们再次来到联合教堂。回家后，我忍不住想为这所"被忽略"的教堂增添几笔赞美。

我在小教堂中央凝视着玫瑰圆玻璃窗，怎么看都像中国的窗花剪纸。虽然颜色、材质不一样，用的方式也不一样。今年五月，我在巴黎协和广场一侧的大太阳下排队两小时，有幸赶上了橘宫的最后一场马蒂斯特展，我喜欢马蒂斯画作的色彩和创新，尤其敬佩他的一生都在挣扎着突破，他绘画领域的成就一直延续到20世纪40年代，特别是在他后期确立了简约主义。1941年，71岁的马蒂斯接受了开刀手术，此后，他只能卧于病榻或在轮椅上坚持创作。他在预先涂好颜色的纸上，剪出形状，然后重新组合、拼贴，创造了一个新的艺术世界。马蒂斯以自己年迈的病弱之躯拓展了一个新的领域，走向超出其所预期的最后胜利——剪纸艺术时代。而联合教堂的玫瑰玻璃窗，就是马蒂斯的最后之作。

艾比·洛克菲勒生前是品位极高的著名艺术赞助人，也是纽约现代博物馆（MoMA）创始人之一。她不仅对现代艺术的鉴赏有独到之处，而且还大力资助现代艺术家。艾比于1948年过世，她的孩子们非常希望在教堂内建一扇玫瑰窗来献给母亲。而现代画家马蒂斯，是最合适的人选。因为艾比最热爱马蒂斯的现代作品，1930年她曾邀请马蒂斯到家中做客，共进晚宴。他们都热爱并收藏中国的瓷器、绘画、陶瓷、剪纸艺术品。于是孩子们通过中介人，立即联系上了在法国的马蒂斯。此时的马蒂斯已近80高龄，且身体状况不佳，而医生最终还是同意洛克菲勒家族，并请求马蒂斯在法国家里创作。艾比在世时，曾建立了艾比·奥德里奇·洛克菲勒花园。花朵，是女性的重要象征之一，马蒂斯借用花卉题材来设计，以此向洛克菲勒夫人致以敬意。这一玫瑰花窗的创作原型是黄玫瑰，黄色花瓣与绿色叶子的配色，是"逝去的爱"的花语吧，这非常适合缅怀洛克菲勒夫人。马蒂斯说："我正在为一所教堂的玫瑰窗工作……，这一玻璃制品是为了纪念康熙时代，还有一生都很虔诚的洛克菲洛夫人，这是七年后才能完成的工作，但我很乐意去。"

很多人认为马蒂斯后期的创作受到中国艺术很大影响。在近代世界美术史上，马蒂斯是位有创造性和开拓型的艺术家，他曾兼及素描、油画、版画、雕塑、装饰画和剪纸多种创作，在每个领域中都有着自己的发现和创见。随着时间的推移和体验

蒂斯卧室中的玫瑰花窗模型

的深化，他对剪纸的兴趣越来越大，持续的时间也最长，并以剪纸终结了自己一生的艺术生涯，攀上了一个新的高峰。马蒂斯在剪纸中对材料的选择及裁剪方法与中国剪纸无差异，巧合的是中国也有玫瑰状的窗花剪纸艺术，其对称的图式与马蒂斯的玫瑰花窗图模型略有相似之处，只是花黄旁叶子形状每一片都不一样。马蒂斯试图在艺术中模仿中国人，玫瑰窗本应该是闭合的花朵图案，她要让花朵呈现出盛开的状态。他依靠中国艺术中简化的形式与色彩，来表现抽象的思想。马蒂斯在玫瑰花窗中还借用了康熙官窑的"蛋壳白"作为窗的乳白底色。花瓣用了"鳝鱼黄"，花叶用了"蛇皮绿"这三种颜色，这些色彩在中国五彩瓷器中特受欢迎，当然也深得委托人，赞助人的高兴。

马蒂斯把剪纸发展到现代大型建筑壁画上，启迪和丰富了当代的壁画创作，也为剪纸扩大了社会功能。他不追求形似，注重传神写意，联合教堂的玫瑰花窗，像无声的诗和有形的音乐，传颂着艾比的美德。1951年作过癌症手术后的马蒂斯，坐在病床上，在画过的纸面上剪来剪去，指挥他的助手们把剪好的作品用图钉钉在墙上。为了能够享受到冬天北面的光亮和夏天的太阳，他在两个卧室之间搬来搬去。整个房间的墙上挂满了剪纸作品。虽然马蒂斯仅仅完成了玫瑰花窗的设计模型就去世了，但他一直为这项工作呕心沥血，事实上马蒂斯将玫瑰花窗模型挂在卧室的墙上，直到他离世的那一刻。马蒂斯去世后，是他的女儿玛格丽特监督完成了玫瑰花窗的制造。

右图是马蒂斯挂在他病床前，他剪的中国窗花和教堂玫瑰花窗图案，下图是安装在联合教堂的玫瑰花窗。

玫瑰花窗的模型

(二)

毕加索说过:"马蒂斯死后,夏加尔是唯一理解色彩的艺术家。……,在雷诺阿之后,再也没有人能像夏加尔一样感知到光"。在这座不起眼的哈德逊河谷教堂里,二十世纪最伟大的两位艺术家——亨利·马蒂斯和马克·夏加尔"相会"了——他们共同创造了一个世界上令人惊叹和意想不到的彩色玻璃窗圣殿。

马克·夏加尔在马蒂斯之后为联合教堂创作了九扇彩色玻璃窗,以纪念洛克菲勒家族的各个成员。夏加尔窗户的主题是好撒玛利亚人、受难、约珥、以利亚、但以理、基路伯、以西结、耶利米和以赛亚。二战间,洛克菲洛资助的一项计划,拯救了2000多名生命受到威胁的犹太艺术家和科学家,其中夏加尔和他的妻子在计划内逃离了纳粹的迫害来到纽约。虽然夏加尔的彩色玻璃窗描绘了旧约中的场景,守卫伊甸园的先知和天使,以尊重他的犹太信仰。但这所小教堂里最大的玻璃窗画是新约故事"好撒玛利亚人",其中每一笔都看到了夏加尔的灵魂深处——他在经历两场世界大战和大屠杀后,建立的"艺术性的和平观",使玻璃画洋溢着轻松平和的气氛,与"狭隘的私欲、任性的民族暴力"完全相违。我感到自己仿佛置身于一团蓝色的雾气当中。定睛一看,原来所有的玻璃窗都呈现出深浅不一的纯净蓝色。玻璃窗画则以宗教为主题,明快的红、黄、绿色配合着蓝色的主旋律,简单、稚拙的笔触赋予画面以纯朴和愉悦。如此绝佳的机会近距离接触伟大的艺术,我被这些绝美的颜色包围着,被裹在一个玻璃的万花筒中。信仰犹太教的绘画大师夏加尔,怎么会为基督教教堂设计出如此生动的彩色玻璃窗画呢?

　　事实上,夏加尔的油画一直保持着犹太传统,家乡味道的特质,他的风格仍然是一位犹太艺术家,他的作品是他家乡维捷布斯克的长期梦想的启示。他承认自己的梦想尚未实现,他说:"与爱相比,人类更愿接受邪恶和不义。"但他从50年代起,在接受大型委托项目时,且抱持着开放的态度。从他设计的彩绘玻璃窗可见,夏加尔对天主教、新教、犹太教或非宗教场所都一视同仁。他坚持真正的政治应该以爱为基础,因为它能带来真正的和平。夏加尔晚年的画作明显带有某种多元文化主义,展现"他对其他人和文化的独特本质非常包容"。夏加尔为洛克菲勒家族教堂设计了九扇窗户，均于 1966 年落成。这些作品都形制宏大，艺术家通过对生活的追求，音乐、艺术和爱，有力地表达了喜悦、和谐与和平，将人类团结在一起。

联合教堂充分展现了两位大师对色彩的理解及对光线的应用，自然之光承托出的彩色玻璃窗画令人振奋。当你被這样的美丽包围而感动时，很容易相信神圣，这就是希望之光！洛克菲洛家族如此的富裕，他们用文化鉴赏家委托艺术家做出艺术品，作为彼此的纪念和礼物不足为奇，但联合教堂玻璃碎片的奇妙组合的元素背后，隐藏着这个家族对艺术的热爱超过了宗教的信仰。即使在半个多世纪后，在公众看来依然如此。那天，在波坎蒂科山，我最后看了一眼透过彩色玻璃窗射出的线条，舞动的光和色，一下子让我的心充满了美好的事物将会发生的感觉。每个民族，每个艺术家，每个人都有自己的特点和追求，他可以让人们之间发生隔离和争斗，他也可以像联合教堂那样融合在一起发热发亮，让世界变得美好，我将和马蒂斯、夏加尔、洛克菲洛们一起，永远会为世界大同的到来而呼唤！

2023 年 11 月

短篇小說

李云枫作品:"局部战争"之一

同一天

左拉（加州）

周二早上红薯从卧室走出来，有点面无表情。阿呆以为他还没睡醒。他说：收到邓叔的信说邓弟的情况不妙。上个月被查出有癌症。原以为可以治疗。结果扩散的非常快。昨天晚上已经送临终关怀所了。邓叔说我看到信的时候他也会到那里了。

阿呆楞了：什么？邓弟？阿呆想起两个月前还收到邓弟发来的邀请信请他们参加他的硕士毕业典礼。红薯当时笑着说他明天就毕业了这邀请函现在才到显然这是通知不是请柬。

邓叔是红薯的后爸。邓弟是邓叔的非婚生子，是邓叔年轻时候还在风流倜傥的时候认识的女孩怀上的孩子。结果被这女孩留了下来。巧的是邓弟和红薯是同年同月同日生。所以每次过生日的时候，红薯都会想起这也是邓弟的生日。小时候每年寒暑假，邓弟都会和来邓叔家和红薯以及他姐姐看看一起度假过节。邓弟十几岁的时候就晓得他不是喜欢坐下来读书的人。所以早早参了军。两年前才刚从部队退役。参军后倒是开始认真地考虑以后退役的前途补念了本科。退役后又念了管理硕士。

邓弟住在佛罗里达。离亚特兰大五到六小时的车程。阿呆问：周六我跟你一起去好吗？红薯说：好是好可是不知道他能等到那么久么。忽然一种巨大的未知感悬在了空气中。红薯决定马上出发晚上赶回来。

阿呆把妙儿送到学校照旧去上班。一路上仲夏碧绿的叶子和亚特兰大城市里的茂密树林一样的不真实。阿呆想起一种理论说按照现在科技的发展速度推算几乎可以百分之九十九的肯定现在的人类的生活是异常发达的未来人类用计算机造出来的虚拟世界。如果真是这样癌症是不是计算机里的一种算法出错（bug）可以这样突然腾空出现把一条生命从内到外地消灭？

公司里依然色彩斑斓充满生机。一个除了会议室没有任何办公室的几千平米的大平层洋溢着年轻的上市公司的活力。阿呆在上一个公司呆了十多年，经历了快速发展、重组、到旧人散尽。快离开的时候，连文具家具都有散架的趋势。然后跟着红薯搬到亚特兰大，又被三种渠道的信息吸引到现在这一个公司，阿呆越来越相信公司是一个活的机体。来上班的人们是收到了这个活物的能量漩涡的吸引而来到这里。能量殆尽的时候人们就会自然离去。就像质子被质子核的吸引。

一上午红薯并没有发任何消息。匆忙买了一顿午饭囫囵吞下，阿呆一边在电脑上奋力画表一边依然消化着早上的消息。"祝你生日快乐！祝你生日快乐！"旁边的人力资源部的同事正围着人力部兼法律部的老总送上一块点着蜡烛的蛋糕。快克今年大概五十多近六十个子有一米八。他有着棕黑色的头发是第二代德国后裔。他每天都会来参加公司早上的健身训练。阿呆有时候会在刚到公司厨房取水的时候遇到他穿着健身服微微出汗在厨房倒水喝。健康两个字写在他黝黑的皮肤和健硕的身体上。一群下属同事的温情围攻下快克竖起他的高个子乐呵呵地笑着。阿呆旁边今天第一天上任的新老板乔伊探过头来问：公司里人人生日都这样么？还没等阿呆反应过来，坐在对面金头发有着典型北欧后裔宽阔的额头，蓝眼睛的财务大老板大卫说：别担心，没人给我这么过。乔伊说那就好，我不要这样过。

阿呆看着快克笑容洋溢的轮廓在蜡烛的光芒下在众人的快乐的歌声里觉得这样一幅欢快的景象似乎人间是天堂。在离这里六百英里的地方佛罗里达那个临终关怀所里邓叔邓弟和他们的家人却是在悲伤的世界里忍受着疼痛和苦难。每天这样的情景都在上演：同一天，总有人在庆祝着健康成功和快乐；总有人在失去的痛苦中生离死别。这两极之间是那一天重复一天的工作和生活。

下午两点多的时候阿呆收到红薯的消息说他到了。阿呆很想知道他看到了什么他经历了什么。可沉重的时间里似乎安静地做手头的事情是最好的选择。下午五点多红薯来消息说他往回赶了。红薯的手机的行踪像一个甲壳虫在地图上慢慢地爬着。看样子交通不变差的情况下他晚上十点多可以到家。

把妙儿接回家一切就像平常。阿呆做饭的时候让她看一会小猪佩奇。吃完饭准备好她第二天的午餐，阿呆有那么一小时时间跟妙儿玩一会。妙儿最喜欢玩过家家可以乐此不疲地扮妈妈照顾小妹妹玩一个晚上。哄妙儿洗澡上床到睡着已经快十点。唱着一闪一闪小星星的时候阿呆的眼泪忽然流了下来，仿佛看到邓弟变成了天上的一颗星星在闪耀。阿呆默默地挂念着独自一人在黑夜里开车的红薯是不是在泪流满面。

晚上十点，微信上大学的好友静放出一张玫瑰色的戒指照片。阿呆惊叹今天竟也是静与去年开始在微信上出现的英国男友水到渠成的订婚日。阿呆赶忙发信庆祝询问大日子是什么时候。静有着一股安静的力量。大学的时候在系花敏家看电影的时候指着电影里的法国女主角说我以后要留这样的头发，很长微微的卷着的棕色头发。

多年后在旧金山见到静的时候，她就那样依然恬静的微笑，正留着很长微微卷的棕色头发。在市场街上的星巴克咖啡馆里阿呆和静聊着未来的计划。静白手起家的贸易公司发展的很好。静说她在考虑以后搬到美国来居住还是到英国，会在一两年内定下来。阿呆说来旧金山吧好多年轻人男性居多。静说她喜欢纽约的热闹也喜欢英国的文化。过去几年里一个人游走于生意机会之间旅行了很久的静终于选择了英国。也正是那个时候出现了英国男友的照片。阿呆很佩服静这样沉着地计划观察到最终完成了选择。整个过程像在培养一朵花。旧金山的咖啡馆里的谈话像是见证她播下的一个种子。四处的探索是她在给予这颗种子合适的阳光，水和养分。合适的阳光，水和养分因为她的寻找而源源不断，幼苗成长着，直到她遇到那个时机：一个饱尝世事的绅士也在她寻找的里找到了她。花儿就开了。

只是人的意图和命运不总是这样契合。就像邓弟刚刚拿到硕士学位人生却突然要嘎然而止，毫无征兆…哦，不完全无征兆。阿呆忽然想起他的祖父也是因为相似的疾病在壮年撒手离开留下三个年幼的孩子。而邓爸几年前因为其他毛病，被查出了自己遗传的癌症基因。因为发现的早后果不严重。只是，似乎邓弟没有就此警觉？

如果，命运是按照人的潜在意识来发展的呢？阿呆回忆起读到的一种理论认为人有重复家族历史问题的倾向来表达自己对家族的忠诚。如果公司机构可以是一个活物，有自己本身聚与散的能量。那么家族是不是一个行为更有规则可循的活物？邓弟虽是非婚生子，毕竟是邓爸唯一的亲生骨肉，可是依然健在和长寿的奶奶也就是邓弟的祖母为什么每次聊天从来没有提起过他？难道他在不知不觉地重复祖父的历史来宣布自己的根正苗红？

阿呆被自己的假想吓到了。命运与意图的不可知关系让她觉得胃部悬空着。她又开始思念红薯。红薯和邓弟同一天出生这件事很蹊跷。当死亡发生在与自己同年同月同日出生的却没有血缘关系的兄弟身上，命运的偶然性是不是放大了很多？还是会更体会到一种人各有命的必然性。他们两人一起长大，玩在一起，吃在一起，看到对方，听到对方，碰到对方。五蕴都有重合。这些是不是决定了这件事对红薯的冲击对自己要大得多？阿呆呆呆地思考着。

这时，门开始发出吱嘎的声音。钟指向了十点零七分，红薯终于回到了家，一脸的疲惫和投降。阿呆和他互相拥抱了很久没有说话。沉默中，他说十分钟前邓叔发来信息邓弟走了。阿呆抬起头看着窗外，透过百叶窗，黑色的天空中一颗闪亮的星星在独自发光。

同一天可以发生很多事，同一天也可以连接不同的人。今天过得这样厚重，莫非是时间上的一个黑洞，吸引着各种人事汹涌的发生和消逝？在这看不清的宇宙里，平平凡凡的每一刻里藏着幸福的秘密。想着想着，阿呆抱着红薯的脑袋睡着了。

初稿于 2018.8.4，修改于 2023.9.26.

www.ingramcontent.com/pod-product-compliance
Lightning Source LLC
LaVergne TN
LVHW041922070526
838199LV00051BA/2704